1 MONTH OF
FREE
READING

at
www.ForgottenBooks.com

By purchasing this book you are eligible for one month membership to ForgottenBooks.com, giving you unlimited access to our entire collection of over 700,000 titles via our web site and mobile apps.

To claim your free month visit:
www.forgottenbooks.com/free988790

ISBN 978-0-364-15003-0
PIBN 10988790

DES

SOKRATES

LEBEN LEHRE UND TOD

NACH DEN ZEUGNISSEN DER ALTEN

DARGESTELLT

VON

Peter ERNST VON LASAULX.

———

MÜNCHEN, 1857.

LITERARISCH-ARTISTISCHE ANSTALT

DER J. G. COTTA'SCHEN BUCHHANDLUNG.

SEINER FREUNDIN MARIE GŒRRES

ERNST VON LASAULX.

Liebe Marie, lebte dein seliger Vater noch, so hätte ich *ihm* diese Schrift gewidmet, überzeugt dass seine eigene Sokratische Natur sie freundlich und wolwollend aufnehmen würde, auch wenn einige Sätze darin ihm weniger zusagen sollten; nun er heimgegangen ist zu den anderen grossen Seligen, musst *du* sie dir gefallen lassen, um der Sache und um des Gebers willen, dem du ja manches nachzusehen gewöhnt bist. Denn wie unsere Eltern Freunde gewesen sind treu das ganze Leben hindurch, so wollen auch wir mit Gott es bleiben. Ich habe den Gegenstand dieser Schrift seit vielen Jahren im Herzen getragen, und habe ihn nun, da es mich mahnt was mir lieb ist bald zu thun, hier in sonniger Einsamkeit mit Lust und Liebe nach meiner Weise ausgestaltet. Wer in ähnlichen Dingen sich selbst versucht hat, wird dem Büchlein wol anfühlen, dass es nicht blos eine gelehrte Arbeit ist, sondern noch etwas anderes sein will was mir höher steht als alle Gelehrsamkeit.

Grosser Männer Leben und Tod der Wahrheit

1*

gemäss mit Liebe zu schildern, ist zu allen Zeiten
herzerhebend; am meisten aber dann, wenn im Kreis-
lauf der irdischen Dinge die Sterne wieder ähnlich
stehen wie damals als *sie* unter uns lebten. Wir
empfinden dann besser ihr Leben mit, nehmen Theil
an ihren Freuden und Leiden, ja selbst an ihrer
Seelengrösse, indem wir sie verstehen und lieben, die
innere Einheit des Lebens erkennend die uns mit
ihnen verbindet. Je seltener mir in der heutigen
Zeit wahrhaft grosse ursprüngliche Menschen begegnen, um so lieber blicke ich zurück zu den
Heroen der Vorwelt, und lasse von ihnen mich gern
unterrichten, wie sie lebten und starben, und was
sie empfunden gedacht und gehofft haben von den
Dingen dieser und einer anderen Welt. Ein solcher
Heros, und der besten einer, ist Sokrates; und die
Redelust die ihn auf Erden erfüllte, hat auch im
Hades nicht ganz ihn verlassen: denn als ich neulich
durch seine eigenen Zauberlieder ihn anrief und um
einiges was mir unklar war ihn befragte, da kam er
über das Mendelgebirge herüber und gab mir, wie er
immer gethan, mit sanftem Lächeln freundliche Antwort. Ob ich die ganz richtig verstanden und der
Wahrheit getreu wiedergegeben, wirst du aus dem
Büchlein selbst leicht herausfühlen. Nimm es hin
wie ichs gegeben, und erhalte mir unsere alte
Freundschaft.

Geschrieben in dem baierischen Stüblein
auf Schloss Lebenberg in Tyrol
am 15. October 1857.

Sokrates, der Sohn des Bildhauers Sophroniskos und der Hebamme Phaenarete[1], ward geboren zu Athen am 6. Thargelion des 4. Jahres der 77. Olympiade[2] d. i. am 20. Mai 469 vor Chr. Da es in der Natur begründet und oft bemerkt worden ist, dass geistig hervorragende Männer vorzügliche Mütter haben, und dass diesen ihr Gemüth nacharte[3]: so verdankte gewiss auch Sokrates, wie er selbst es bezeugt, seine reich ausgestattete ursprüngliche Natur vorzugsweise seiner trefflichen Mutter. Als sein Vater einst, nach der Sitte der Zeit, des Sohnes wegen in Delphi sich einen Spruch erbat, erwiderte ihm die Pythia: er solle den Knaben thun lassen was ihm in den Sinn komme, und keinerlei Zwang anwenden, sondern nur für ihn beten, zu Zeus und den Musen, und im übrigen keine Sorge sich machen; da sein Sohn *einen in sich* habe, der ihn besser durchs

---

[1] Platon Alcib. I p. 364, 15: Σωκράτης ὁ Σωφρονίσκου καὶ Φαιναρέτης, und Sokrates selbst im Theaetetus p. 189, 11: ὡς ἐγώ εἰμι υἱὸς μαίας μάλα γενναίας τε καὶ βλοσυρᾶς, Φαιναρέτης. Vergl. unten Anm. 74.

[2] Plutarchus Mor. p. 717, B. Diogenes L. II, 18. 44. Aelianus Var. II, 25.

[3] Ich erinnere an Augustinus, an Leibnitz (Guhrauer I, 9), an Goethe, an Napoleon.

Leben führe als alle Lehrer und Paedagogen[4]. In seiner Jugend habe dann Sokrates die Kunst seines Vaters, der aus dem Geschlechte des Daedalos war[5], geübt: zwei bekleidete Chariten, von ihm gebildet, standen noch sechshundert Jahre später auf der Burg zu Athen[6]. Dann aber, wird erzählt, habe Kriton (von da angefangen sein lebenslänglicher Freund), die Anmuth seiner Seele erkennend und liebend, ihn aus der Werkstätte weggenommen, und habe ihm, da er als Bildhauer wenig gelehrte Kenntnisse besessen, eine liberale Bildung geben lassen[7]. Seine

---

[4] Plutarchus Mor. p. 589, E: ἐᾶν αὐτὸν ἐκέλευσεν ὅ τι ἂν ἐπὶ νοῦν ἴῃ πράττειν, καὶ μηδὲ βιάζεσθαι, μηδὲ παράγειν, ἀλλ᾽ ἐφιέναι τὴν ὁρμὴν τοῦ παιδός, εὐχόμενον ὑπὲρ αὐτοῦ Διὶ ἀγοραίῳ καὶ Μούσαις, τὰ δ᾽ ἄλλα μὴ πολυπραγμονεῖν περὶ Σωκράτους, ὡς κρείττονα δήπουθεν ἔχοντος ἐν αὐτῷ μυρίων διδασκάλων καὶ παιδαγωγῶν ἡγεμόνα πρὸς τὸν βίον. Die Sitte, für sich oder für seinen Sohn einen Orakelspruch zu begehren, war eine sehr gewöhnliche; auch die Antwort, dem eingebornen Genius zu folgen, ist gerade in Delphi in solchen Fällen oft gegeben worden. Ganz ebenso erwiderte die Pythia dem Cicero: er solle seine natürliche Neigung, nicht aber die Meinung der Menge zur Führerin seines Lebens erwählen, τὴν ἑαυτοῦ φύσιν, ἀλλὰ μὴ τὴν τῶν πολλῶν δόξαν ἡγεμόνα ποιεῖσθαι τοῦ βίου: Plutarchus v. Ciceronis p. 863, A.

[5] Platon Alcib. I p. 339, 10: τὸ ἡμέτερον γένος εἰς Δαίδαλον.

[6] Timaeus Fr. 100. Duris Fr. 78. Schol. Aristophanis Nub. 773. Diogenés L. II, 19. Pausanias IX, 35, 2. Vergl. Porphyrius bei Theodoretus De Graec. aff. I, 27 ff. Nach Isidorus Pelusiota Epist. V, 331 hätte Sokrates die Grazien *nackt* dargestellt, αὐτοῦ δέ ἐστιν ἔργον τὸ τὰς Χάριτας γυμνὰς καὶ παρθένους γλύψαι.

[7] Demetrius Byz. bei Diogenes L. II, 20: Κρίτωνα δ᾽ ἀναστῆσαι αὐτὸν ἀπὸ τοῦ ἐργαστηρίου καὶ παιδεῦσαι, τῆς κατὰ ψυχὴν χάριτος ἐρασθέντα. Vergl. Suidas v. Κρίτων p. 411, 12: ὃς καὶ

Lehrer aber seien gewesen in der Musik Konnos[8], in der Astronomie und Geometrie Theodoros[9], in der Poetik Euenos[10], in der Beredsamkeit der Sophist Prodikos von Keos[11] und der Redner Damon[12]. Darauf hin habe dann Sokrates, nachdem auch er eine zeitlang rhetorischen Unterricht gegeben[13], ganz der Philosophie sich gewidmet: den Archelaos[14], Parmenides, Zenon habe er persönlich gehört[15]; die Schriften des Herakleitos[16] aber, der Pythagoreer[17], des Anaxagoras[18], und überhaupt die Schätze der

γνησίως διετέθη πρὸς Σωκράτην, καὶ τὰ πρὸς τὴν χρείαν πάντα ἐδίδου αὐτῷ.

[8] Platon im Euthydemus p. 395, 14 und im Menexenus p. 380, 9 f.

[9] Vergl. Platons Theaetetus p. 182, 7 ff. Er selbst hatte gute Kenntnisse in der Mathematik: Xenophon Mem. IV, 7, 3.

[10] Maximus Tyrius 38, 4 wo ausserdem noch als seine Lehrerinnen in der Liebeskunst Aspasia und Diotima genannt werden, vergl. Theodoretus De Graec. aff. I, 17.

[11] Sokrates selbst bei Platon im Menon p. 381, 20: πεπαιδευκέναι ἐμὲ Πρόδικος. Vergl. Cratylus p. 4, 13 ff. Axiochus p. 513, 1 und p. 509, 31: ταῦτα δὲ ἃ λέγω, Προδίκου ἐστὶ τοῦ σοφοῦ ἀπηχήματα, Reminiscensen aus des Prodikos Schule.

[12] Diogenes L. II, 19.

[13] Idomeneus und Favorinus bei Diogenes L. II, 20: πρῶτος ῥητορεύειν ἐδίδαξε.

[14] Jon und Alexander Polyhistor bei Diogenes L. II, 19. 23. Aristoxenus Fr. 25. Cicero Tusc. V, 4, 10. Clemens Alex. Strom. I p. 352, 23. Theodoretus De Graec. aff. II, 23.

[15] Platon Parmenid. p. 4 f. Theaet. p. 263. Sophist. p. 127. Diogenes L. II, 18. X, 12.

[16] Diogenes L. II, 22. IX, 11.

[17] A. M. asch-Scharastani R. und Ph. II. p. 111.

[18] Platon im Phaedon p. 85, 16 ff. Diogenes L. II, 19. 45. Suidas v. Σωκράτης p. 842.

weisen Männer der Vorzeit habe er gemeinschaftlich mit seinen Freunden durchgelesen[19], und also sich bekannt gemacht mit allen Wegen der bisherigen Forschung: mit der Naturphilosophie der Jonier, mit der sittlichen Philosophie der Dorischen Pythagoreer, und mit der Dialektik der Eleaten. Am meisten, wie es scheint fühlte er sich angezogen von der sittlichen Grösse und Geistestiefe des Parmenides, und von den tiefsinnigen Schriften des Herakleitos. Als sein Freund Euripides ihm einst dessen Werk über die Natur zum lesen gegeben und dann ihn gefragt hat, wie es ihm gefalle, erwiderte er: was ich darin verstanden habe, ist vortrefflich; ich glaube darum dass auch dasjenige was ich nicht verstanden habe, ebenso sei; nur bedarf es dazu eines (tüchtigen) Delischen Schwimmers[20].

Kein Wunder darum, dass nach solchen jugendlichen Studien, bei dem göttlichen Drang seiner Seele nach Erkenntnis[21], auch er, wie er selbst gesteht, „als Jüngling wunderbar begierg war nach der Weisheit die man Naturwissenschaft nennt. Denn es schien mir, sagte er, überaus erhaben, die Ursachen von allem zu wissen, wodurch die Dinge entstehen, ver-

---

[19] Sokrates selbst bei Xenophon Mem. I, 6, 14: καὶ τοὺς θησαυροὺς τῶν πάλαι σοφῶν ἀνδρῶν, οὓς ἐκεῖνοι κατέλιπον ἐν βιβλίοις γράψαντες, ἀνελίττων κοινῇ σὺν τοῖς φίλοις διέρχομαι.

[20] Diogenes L. II, 22 und Suidas v. Δηλίου κολυμβητοῦ p. 1238: ἃ μὲν συνῆκα, γενναῖα· οἶμαι δὲ καὶ ἃ μὴ συνῆκα· πλὴν Δηλίου γέ τινος δεῖται κολυμβητοῦ. Vergl. Hamann II, 12.

[21] Parmenides in dem gleichnamigen Dialoge Platons p. 21, 6: καλὴ μὲν οὖν καὶ θεία, εὖ ἴσθι, ἡ ὁρμή, ἣν ὁρμᾷς ἐπὶ τοὺς λόγους.

gehen, bestehen; und oft habe ich mich hin und her geworfen zu erwägen: ob etwa, wenn das Warme und das Kalte in eine gewisse Fäulnis gerathen, sich dann wie einige sagen die lebendigen Wesen erzeugen? und ob es das Blut sei, durch welches wir denken, oder die Luft, oder das Feuer, oder ob keines von diesen, sondern das Gehirn uns alle Empfindungen vermittele, des hörens, sehens, riechens, und aus diesen Empfindungen (Sinneswahrnehmungen) dann Gedächtnis und Vorstellungen entstehen, aus diesen aber, wenn sie eine gewisse Festigkeit gewonnen haben, die Erkenntnis geboren werde? Wenn ich dann aber wieder betrachtete, wie alles dieses *vergeht,* und welchen Veränderungen alles unterworfen ist am Himmel und auf Erden: dann wollte es mir scheinen, dass *meine* Natur für die Erforschung dieser Dinge nicht ausreiche, ja ich kam mir ihnen gegenüber fast albern vor"[22]. Weiterhin erzählt er dann wie es ihm insbesondere mit der Philosophie des Anaxagoras ergangen sei. „Als ich einst aus dessen Buche vorlesen hörte dass der weltbildende Verstand der Urheber aller Dinge sei (ὡς ἄρα νοῦς ἐστιν ὁ δια-

---

[22] Sokrates in Platons Phaedon p. 83, 3 ff. Die etwas sensualistische Erklärung: ὁ ἐγκέφαλός ἐστιν ὁ τὰς αἰσϑήσεις παρέχων τοῦ ἀκούειν καὶ ὁρᾶν καὶ ὀσφραίνεσϑαι, ἐκ τούτων δὲ γίγνοιτο μνήμη καὶ δόξα, ἐκ δὲ μνήμης καὶ δόξης, λαβούσης τὸ ἠρεμεῖν, κατὰ ταὐτὰ γίγνεσϑαι ἐπιστήμην: hat sich wie anderes dergleichen auch Aristoteles angeeignet, Analyt. post. II, 19 p. 100, A, 3: ἐκ μὲν οὖν αἰσϑήσεως γίνεται μνήμη, ἐκ δὲ μνήμης πολλάκις τοῦ αὐτοῦ γενομένης ἐμπειρία, ἐκ δὲ ἐμπειρίας ἢ ἐκ παντὸς ἠρεμήσαντος τοῦ καϑόλου ἐν τῇ ψυχῇ.. τέχνης ἀρχὴ καὶ ἐπιστήμης. Vergl. Metaph. I, 1, 7 ff.

κοσμῶν τε καὶ πάντων αἴτιος), freute ich mich ungemein einen Lehrer nach meinem Sinne gefunden zu haben. Beim weiterlesen aber fiel ich gar bald von dieser wunderbaren Hoffnung wieder herunter, indem ich sah dass der Mann von jenem *Weltverstande* sehr wenig Gebrauch machte, sondern beim erklären der Naturerscheinungen die Luft und den Aether und das Wasser und alles andere eher als Ursachen annahm denn jenen" [23]. Auch habe Anaxagoras, wie Platon bemerkt, sich selbst und alles andere dadurch wieder verwirrt, dass er die Natur der Seele verkannt, und nicht eingesehen habe dass sie *älter* sei als der Leib. Denn statt die Weltseele als die Ursache der Weltbewegung zu begreifen, und anzuerkennen dass die Gestirne *beseelte* Wesen seien, habe er sie für Steine und Erde angesehen; und dies sei es gewesen welches damals so viele Gottesleugnungen verursacht, und eine so grosse Abneigung gegen die Naturphilosophie hervorgerufen, und auch die Dichter veranlasst habe zu den bekannten Schmähungen gegen die Philosophie: dass diese nur ein kläffender Hund sei welcher seinen Herrn (die väterliche Religion) anbelle, nur gross in der Thoren leerem Gerede, und dass die Philosophen nur ein armseliger Schwarm seien, der gegen Zeus d. i. gegen Gott sich auflehne [24]. Weshalb auch damals schon, um das Jahr 431 vor Chr. auf

---

[23] Sokrates in Platons Phaedon p. 85, 16 ff. Vergl. Aristoteles Met. I, 3 p. 984, B, 15 ff. I, 4 p. 985, A, 10 ff. Clemens Alex. Strom. II, 4 p. 435, 28 ff.

[24] Platon De Legg. XII p. 330, 18 ff. vergl. De Rep. X. p. 489, · 10 ff.

den Vorschlag des fanatischen Rhetors Diopeithes[25]
der Volksbeschluss gefasst wurde: dass wer nicht an
die Götter glaube, oder Vorträge halte über die Him-
melserscheinungen, der solle als Staatsverbrecher angeklagt werden[26].

Im Verfolge dieser Beobachtungen und bei der
ihm eigenthümlichen Verinnerlichung des Geistes ge-
langte er dann allmählig zu der Überzeugung, der
Mensch sei nicht dazu berufen, die Geheimnisse der
Gottheit und die Gesetze der Natur und des Weltalls
zu erforschen (τὰ δαιμόνια σκοπεῖν, καὶ ὅπως ὁ κόσ-
μος ἔχει, καὶ τίσιν ἀνάγκαις ἕκαστα γίγνεται τῶν οὐρα-
νίων), sondern das sei seine Bestimmung, vor allem
für seine Seele zu sorgen: denn viel unseliger sei es,
eine ungesunde, angefaulte, ungerechte und unhei-
lige Seele zu haben, als einen ungesunden Leib[27]:
ja nie habe es etwas gegeben, und nie werde es etwas
geben, weder bei Menschen noch bei Göttern, welches
höher zu schätzen sei als wahre Seelenbildung[28].

---

[25] Aristophanes Vesp. 380 und Aves 988 mit den Scholien.

[26] Plutarchus v. Periclis p. 169, D: ψήφισμα Διοπείϑης ἔγραψεν
εἰσαγγέλλεσϑαι τοὺς τὰ ϑεῖα μὴ νομίζοντας ἢ λόγους περὶ τῶν
μεταρσίων διδάσκοντας.

[27] Platons Gorgias p. 67 ff. ἡ ἀδικία καὶ ἡ ἀκολασία καὶ ἡ ἄλλη
ψυχῆς πονηρία μέγιστον τῶν ὄντων κακόν ἐστιν. p. 71, 22:
εὐδαιμονέστατος μὲν ἄρα ὁ μὴ ἔχων κακίαν ἐν ψυχῇ, ἐπειδὴ
τοῦτο μέγιστον τῶν κακῶν ἐφάνη. 73, 4: ὅσῳ ἀϑλιώτερόν
ἐστι μὴ ὑγιοῦς σώματος μὴ ὑγιεῖ ψυχῇ συνοικεῖν, ἀλλὰ σαϑρᾷ
καὶ ἀδίκῳ καὶ ἀνοσίῳ.

[28] Platons Phaedrus p. 30, 9: τὴν τῆς ψυχῆς παίδευσιν, ἧς οὔτε
ἀνϑρώποις οὔτε ϑεοῖς τῇ ἀληϑείᾳ τιμιώτερον οὔτε ἔστιν οὔτε
ποτὲ ἔσται.

Ja er bekämpfte sogar von nun an die Naturphilosophie, indem er denen die ihr nachhingen vorstellte: dass diese Forschungen geeignet seien das ganze Leben des Menschen in Anspruch zu nehmen, und dass wer sich mit ihnen abgebe, leicht den Hauptzweck seines Lebens, sittlich besser zu werden, aus den Augen verliere; und ob sie denn das dem Menschen Zugängliche, τὰ ἀνθρώπεια, schon genugsam erforscht hätten, dass sie nunmehr auch die Gesetze des Weltalls zu ergründen suchten, die doch dem Menschen verborgen seien, so dass wer darüber nachgrübele, nur in Thorheiten verfalle; auch widersprächen sich ja darin die Weisesten wie Wahnsinnige[29].

So gab er denn die Naturphilosophie völlig auf, und wandte sich ganz der sittlichen zu, der Ethik und Politik[30], und brachte also wie die Alten sich ausdrückten die Philosophie vom Himmel herab auf die Erde, den eigentlichen Schauplatz des menschlichen Lebens[31].

---

[29] Xenophon Mem. I, 1, 11 ff. IV, 7, 6 in Übereinstimmung mit dem Platonischen Sokrates im Theaetetus p. 255, 3 ff. und im Sophista p. 182, 1 ff., wie schon Theodoretus De Gr. aff. 2, 11 ff. und 4, 26 ff. mit Recht bemerkt hat.

[30] Aristoteles De part. animal. I, 1 p. 642, A, 28: ἐπὶ Σωκράτους τὸ ζητεῖν τὰ περὶ φύσεως ἔληξε, πρὸς δὲ τὴν χρήσιμον ἀρετὴν καὶ τὴν πολιτικὴν ἀπέκλιναν οἱ φιλοσοφοῦντες. Vergl. Metaph. I, 6, 3 p. 987, B, 1 ff. XIII, 4, 4 p. 1078, B, 17 ff. Sextus Empiricus XI, 2 und Libanius III p. 6, 17 ff.

[31] Cicero Tusc. V, 4, 10: Socrates primus philosophiam evocavit e caelo, et in urbibus collocavit, et in domos etiam introduxit, et coegit de vita et moribus, rebusque bonis et malis quaerere; und ähnlich De rep. I, 10. Acad. post. I, 4, 15. Themistius Orat. 34 p. 447, 19 ff. Augustinus De civ. dei VIII, 3.

Zuerst aber bei *sich* anfangend war er bemüht seine eigenen Fehler kennen zu lernen und zu verbessern, ἐπιγνῶναι τὰ ἑαυτοῦ κακὰ καὶ ἀπαλλαγῆναι[32]. Von Natur schwerfällig, zornmüthig, wollüstig, arbeitete er so lange an sich selbst, bis er durch die Kraft seines Geistes und fortgesezte Übung den Widerstand seiner Natur völlig gebrochen, seinen Verstand geschärft, sein Gemüth gesänftigt, und seine natürlichen Triebe so gebändigt hatte, dass sein Leib ihm ganz ein gerechtes Organ seiner Seele geworden war[33]. Was er für andere als Norm aufgestellt hatte: die Jugend ·solle Maass halten lernen, da jedes Zuviel vom Übel sei[34], und der wahre Adel bestehe in der guten Mischung von Seele und Leib, in der harmonischen Ausbildung der seelischen und der leiblichen Kräfte[35]: das übte er zuerst an sich selbst und

---

[32] Plutarchus Mor. p. 516, C.

[33] Aristoxenus Fr. 25. 27. 28 und der Physiognom Zopyrus bei Cicero De fato 5, 10: stupidum esse Socratem dixit et bardum, addidit etiam mulierosum, und Tusc. IV, 37, 80: quum multa vitia collegisset in eum Zopyrus, derisus est a ceteris, qui illa in Socrate vitia non agnoscerent; ab ipso autem Socrate sublevatus, quum illa sibi insita, sed ratione a se dejecta diceret. Ebenso Alexander Aphrod. De fato 6, p. 18 und Eusebius Praep. ev. VI, 9, 22. Wie er zornliche Aufwallungen bekämpfte, berichtet Simplicius Comment. in Epictet. p. 58, 12: λέγεται Σωκράτης εἴ ποτε θυμωθείη, πάντως σιωπᾶν, wenn sein Gemüth aufgebracht war, tiefes Stillschweigen zu üben. Vergl. Plutarchus Mor. p. 455, A und Seneca De ira III, 13.

[34] Diogenes L. II, 32: ἐρωτηθείς, τί ἀρετὴ νέου, τὸ μηδὲν ἄγαν εἶπεν. Vergl. Hippokrates Aphor. 2, 51: πᾶν τὸ πολὺ τῇ φύσει πολέμιον.

[35] Stobaeus Flor. 86, 20: ἐρωτηθείς, τί εὐγένεια, εὐκρασία, ἔφη, ψυχῆς τε καὶ σώματος.

stellte es hier leibhaftig dar. Keiner unter allen Menschen, heisst es, war stärker als er in der Selbstbeherschung, sowol in Bezug auf die Geschlechtsliebe als auf Essen und Trinken[36]; in Ertragung von Beschwerden jeglicher Art, von Hunger und Durst, Frost und Hitze übertraf er alle andern; im Felde ging er einst mitten im Winter barfuss über das Eis hin, so dass ihn die Kriegsmänner scheel ansahen als wolle er sie damit verachten[37]. Endlich was die Mässigkeit seiner Bedürfnisse betrifft, hatte er sich so gewöhnt, dass wie wenig er auch besass, es ihm stets genügte[38]. Ich glaube, pflegte er zu sagen, dass keine Bedürfnisse zu haben etwas Göttliches sei, und so wenig als möglich zu bedürfen, dem Göttlichen am nächsten komme[39]. Nur bei Festgelagen wo trinken

---

[36] Xenophon Mem. I, 2, 1: πρῶτον μὲν ἀφροδισίων καὶ γαστρὸς πάντων ἀνθρώπων ἐγκρατέστατος ἦν: wogegen die Schmähungen des Porphyrius bei Cyrillus c. Jul. p. 186 nicht in Betracht kommen. Plutarchus Mor. p. 512, F: οὕτως ἐκόλουε τὴν δίψαν, οὐκ ἐφιεὶς ἑαυτῷ πιεῖν μετὰ γυμνάσιον, εἰ μὴ τὸν πρῶτον ἐκχέαι κάδον ἀνιμήσας, ὅπως ἐθίζηται τὸν τοῦ λόγου καιρὸν ἀναμένειν τὸ ἄλογον.

[37] Platon im Symposion p. 461, 17 ff.

[38] Xenophon Mem. I, 2, 1: ἔτι δὲ πρὸς τὸ μετρίων δεῖσθαι πεπαιδευμένος οὕτως, ὥστε πάνυ μικρὰ κεκτημένος πάνυ ῥᾳδίως ἔχειν ἀρκοῦντα.

[39] Xenophon Mem. I, 6, 10: ἐγὼ νομίζω τὸ μὲν μηδενὸς δέεσθαι θεῖον εἶναι, τὸ δὲ ὡς ἐλαχίστων, ἐγγυτάτω τοῦ θείου; was dann auch Antisthenes von Sokrates übernommen und zu einer seiner Lebensmaximen gemacht hat: θεῶν μὲν ἴδιον εἶναι μηδενὸς δεῖσθαι, τῶν δὲ θεοῖς ὁμοίων τὸ ὀλίγων χρῄζειν: Diogenes L. VI, 105. Vergl. auch den Ausspruch des Sokrates bei Caecilius Balbus De nugis philos. p. 23: nihil amittit qui nihil habet, minimum eget mortalis qui minimum cupit.

an der Ordnung war, trank auch er hellenisch mit,
und pflegte scherzend von sich zu rühmen, dass er
gleich geschickt sei wenig und viel zu trinken und
darin alle zu besiegen, ohne dass je einer ihn trunken
gesehen[40]. Mit dem trinken, sagte er, halte auch
ich es: denn der Wein erfrischt in der That die Seele,
und schläfert die Sorgen ein wie der Alraun die Men-
chen, und erwecket dagegen die Frohsinnigkeit wie
das Oel die Flamme[41]. Im übrigen blieb er sein
ganzes Leben hindurh in freiwilliger Armuth[42], obgleich es ihm wenn er gewollt hätte leicht gewesen
wäre wolhabend zu werden. Beim Tode seines Vaters
war ihm ein Vermögen von achtzig Minen zugefallen;
er lieh diese einem seiner Altersgenossen der sie im
Handel verlor, und ertrug den Verlust ohne darüber
ein Wort zu verlieren[43]. Auch später noch scherzte
er über seine Habe, die ihm wol, wenn er einen
guten Käufer finde, fünf Minen einbringen könne[44].
Also sanftmüthig und von grosser Geduld war er
auch gegen sein Weib Xantippe. Als Antisthenes ihn
frug warum er diese genommen habe und nicht besser
ziehe? erwiderte er gutmüthig scherzend: weil ich

---

[40] Platon Sympos. p. 377, 11 f. 449 f. 462, 2 f.

[41] Xenophon Conviv. 2, 24: πίνειν μὲν ὦ ἄνδρες καὶ ἐμοὶ πάνυ
δοκεῖ· τῷ γὰρ ὄντι ὁ οἶνος ἄρδων τὰς ψυχάς, τὰς μὲν λύπας
ὥσπερ ὁ μανδραγόρας τοὺς ἀνθρώπους κοιμίζει, τὰς δὲ φιλο-
φροσύνας ὥσπερ ἔλαιον φλόγα ἐγείρει.

[42] Plutarchus Mor. p. 581, C: πενίᾳ γὰρ ἐμμεῖναι παρὰ πάντα
τὸν βίον ἑκουσίως. Vergl. Platon Apol. p. 118, 17 ff. Johannes
Chrys. I p. 65, E.

[43] Libanius III p. 7, 4 ff. (achtzig Minen sind ohngefähr 3500 Gulden.)

[44] Xenophon Oec. 2, 3. (fünf Minen = 220 G.)

sehe dass auch die welche gute Reiter werden wollen,
nicht die willigsten sondern die muthigsten Pferde
sich nehmen. Sie denken nemlich, wenn sie die im
Zaume hielten, würden sie auch mit anderen zurecht
kommen. Darum habe auch ich, der ich mit Menschen
zu leben und umzugehen wünsche, diese genommen,
weil ich sicher weiss, dass wenn ich es bei der aus-
halte, ich in alle andern Menschen leicht mich finden werde[45].

Auch sein Äusseres war von Natur nichts weniger als schön, vielmehr ganz unhellenisch: er hatte
nach seiner eigenen Schilderung einen grösseren Bauch
als sich ziemt, vorstehende Augen, dicke Lippen, eine
eingedrückte Nase mit weitgeöffneten Nüstern, und auf

---

[45] Xenophon Conviv. 2, 10. vergl. Plutarchus Mor. p. 90, D. 461,
D. Gellius I, 17, Johannes Chrysost. X. p. 239, D. Übrigens
war er wie es scheint zweimal verheirathet, mit Myrto der Enkelin
des Aristides, und mit Xantippe: Aristoteles bei Athenaeus XIII,
2 und Diogenes L. II, 26. Bei seinem Tode hinterliess er nach
Platons Phaedon p. 123, 14 f. einen erwachsenen und zwei kleine
Söhne. Von allen wird ausdrücklich hervorgehoben, dass sie
ihren Müttern ähnlicher gewesen seien als ihrem Vater, *matri
quam patri similiores*: Seneca Epist. 104, 27. Was ganz natürlich
ist, wenn die Söhne überhaupt die Söhne der Mutter, wie die
Töchter die Töchter des Vaters sind. Oder sollte Aristoteles das
Richtige getroffen haben, wenn er Rhet. II, 15 p. 1390, B, 28 ff.
bemerkt: „dass die Söhne genialischer Männer gern in tollere
Sitten ausarten, wie die des Alkíbiades; die Söhne solider Väter
aber in Schwachsinn und Stumpfheit, wie die des Kimon, des
Perikles (vergl. Platons Alcib. I p. 334, 16), und des Sokrates.“
Etwa nach dem Naturgesetz, nach welchem das Bewirkte immer
schwächer ist als das Bewirkende? oder wie sonst ist diese oft
bemerkte Degeneration zu erklären?

dem Scheitel eine kahle Glaze: kurz etwas Silenen-
artiges, eine schlechte Schale darin ein göttlicher
Kern⁴⁶, der überall durchblickend die unschönen Züge
durch geistigen Ausdruck veredelt hat⁴⁷. Dazu hatte
er bei seiner nüchternen Lebensweise und der vollkommenen Herschaft des Geistes über den Leib, diesen so wolgeordnet und wetterfest gemacht, dass er
bei allen Pestübeln die seine Vaterstadt verwüstet
haben, fast allein verschont und gesund blieb⁴⁸.

Zu den räthselhaften Eigenthümlichkeiten seines
Wesens gehörte die Gewohnheit, dass er zuweilen, wo
es auch war, plözlich an sich hielt und, ganz in sich
selbst versunken, stille stand, unerschütterlich gleich
einem Baumstumpf, ganze Tage und Nächte hindurch,
wie ein morgenländischer Heiliger⁴⁹. So begegnete
es ihm auf dem Feldzuge gegen Potidaea, dass er zur

---

⁴⁶ Xenophon Conviv. 2, 19: μείζω τοῦ καιροῦ τὴν γαστέρα ἔχων.
4, 19: ὁ Σωκράτης καὶ ἐτύγχανε προςεμφερὴς τούτοις (τοῖς
Σειληνοῖς) ὤν. 5, 5: οἱ ἐμοὶ ὀφθαλμοὶ ἐπιπόλαιοι. 5, 6: οἱ
ῥῖνες ἐμοὶ ἀναπέττανται, und τὸ σιμὸν τῆς ῥινός. 5, 7: παχέα
τὰ χείλη. Platon Sympos. p. 452, 10: φημὶ γὰρ δὴ ὁμοιότατον
αὐτὸν εἶναι τοῖς Σειληνοῖς. 455, 9: τὸ σχῆμα αὐτοῦ σειληνῶδες.
Theaetetus p. 178, 14: προςέοικε δὲ σοὶ τήν τε σιμότητα καὶ
τὸ ἔξω τῶν ὀμμάτων. Ebenso Maximus Tyrius 7, 9. 39, 5.
Athenaeus V, 13. Synesius Calvit. encom. p. 69, B. Himerius
p. 464. Scholiasta Aristoph. Nub. 223. Lucianus Dial. mort.
20, 4. Alexander Aphrod. in Aristotelis Met. p. 240, 29.

⁴⁷ Arrianus Diss. IV, 11, 19: ἔστιλβεν αὐτοῦ τὸ σῶμα καὶ ἐπίχαρι
καὶ ἡδὺ ἦν.

⁴⁸ Diogenes L. II, 25: εὔτακτος ἦν τὴν δίαιταν οὕτως, ὥστε πολλάκις Ἀθήνησι λοιμῶν γενομένων μόνος οὐκ ἐνόσησε. Gleicherweise Aelianus Var. XIII, 26 und Gellius II, 1.

⁴⁹ Vergl. Strabon XV, 1, 60.

Verwunderung aller die es bemerkten, plözlich in tiefes Nachdenken versunken, unbeweglich auf *einer* Stelle stand, vom frühen Morgen den ganzen Tag über und die folgende Nacht, bis am andern Morgen die Sonne aufging; wo er dann, nachdem ihm völlig klar geworden was er gesucht hatte, noch ein Morgengebet an die Sonne verrichtete, und dann fortging[50].

Ebendahin gehört die vielbesprochene *innere Stimme* des Sokrates, sein δαιμόνιον. Er selbst erklärt sich darüber bei Platon also: mir ist, sagt er, von meiner Kindheit an etwas begegnet (ob auch schon einem anderen vor mir, weiss ich nicht), eine Stimme nemlich, welche wenn sie sich einstellt, mich abhält von dem was ich zu thun im Begriffe bin; angetrieben hat sie mich niemals[51]. Obgleich hienach diese Stimme nicht sowol

---

[50] Platon Sympos. p. 374, 20 und p. 462, 17 ff. Vergl. Plutarchus Mor. p. 580, D. Diogenes L. II, 23. Gellius II, 1: stare solitus Socrates dicitur pertinaci statu, perdius atque pernox a summo lucis ortu ad solem alterum orientem, inconnivens, immobilis, iisdem in vestigiis, et ore atque oculis in eundem locum directis cogitabundus, tanquam quodam secessu mentis atque animi facto a corpore. Quam rem cum Favorinus, de fortitudine eius viri ut pleraque disserens, attigisset, πολλάκις, inquit, ἐξ ἡλίου εἰς ἥλιον ἑστήκει ἀστραβέστερος τῶν πρέμνων.

[51] Platon Apol. p. 119, 15: ἐμοὶ δὲ τοῦτ᾿ ἔστιν ἐκ παιδὸς ἀρξάμενον, φωνή τις γιγνομένη, ἣ ὅταν γένηται, ἀεὶ ἀποτρέπει με τούτου ὃ ἂν μέλλω πράττειν, προτρέπει δὲ οὔ ποτε, und fast mit denselben Worten im Theages p. 275, 15: ἔστι γάρ τι θείᾳ μοίρᾳ παρεπόμενον ἐμοὶ ἐκ παιδὸς ἀρξάμενον δαιμόνιον. ἔστι δὲ τοῦτο φωνή, ἣ ὅταν γένηται ἀεί μοι σημαίνει ὃ ἂν μέλλω πράττειν, τούτου ἀποτροπήν, προτρέπει δὲ οὐδέποτε. Ferner Phaedrus p. 32, 6 ff. ἀεὶ δέ με ἐπίσχει ὃ ἂν μέλλω πράττειν und De rep. VI p. 297, 1: τὸ δαιμόνιον σημεῖον, ἢ πού τινι

eine zuredende als eine abredende war, so konnte sie
doch ebendarum in allen den Fällen, in welchen sie
ihn nicht abhielt, wenigstens als eine zulassende gelten: so dass es kein Widerspruch ist wenn Xenophon
berichtet, dieses δαιμόνιον habe dem Sokrates Vor-
zeichen gegeben, was er thun und was er nicht thun
solle[52]. Er machte aber von dieser Stimme wie erzählt wird nicht nur für sich selbst Gebrauch, sondern
auch für seine Freunde; so dass er auch diesen in dem
was sie zu unternehmen im Begriffe standen, theils
abrieth theils zurieth: und wer seinem Rathe folgte
befand sich wol dabei, die ihm aber nicht folgten
hatten es zu bereuen[53]. Als sein Freund Simmias ihn
einst frug, was es doch mit diesem δαιμόνιον für eine
Bewandtnis habe, gab Sokrates darauf keine Antwort[54]:
so dass man sieht er habe darüber nicht gern gesprochen, sei es nun dass die Sache ihm selbst räthsel-
haft, oder dass sie ihm zu heilig war um sie einer

ἄλλῳ ἢ οὐδενὶ τῶν ἔμπροσϑεν γέγονε. Vergl. Cicero De divinat.
I, 54, 122: esse divinum quiddam, quod δαιμόνιον appellat, cui
semper paruerit, nunquam impellenti, saepe revocanti.

[52] Xenophon Mem. IV, 8, 1: τὸ δαιμόνιον ἑαυτῷ προσημαίνειν ἅ
τε δέοι καὶ ἃ μὴ δέοι ποιεῖν. Vergl. Brandis Griech. Philos.
II p. 60.

[53] Xenophon Mem. I, 1, 4. Plutarchus Mor. p. 581, D. E. Wie
ja auch im antiken Tempelschlafe und in dem modernen mag-
netischen Schlafe die Schlafwachen nicht bloss für sich selbst,
sondern auch für andere die Heilmittel angeben: Strabon XIV,
1, 44. Antipater von Tarsus hat eine ganze Sammlung solcher
Prophezeiungen des Sokrates veranstaltet: Cicero De divinat. I,
54, 123.

[54] Plutarchus Mor. p. 588, C.

dialektischen Zergliederung zu unterwerfen. Die Ausdrücke welche er gewöhnlich von der Sache brauchte sind folgende: das göttliche gewohnte Zeichen, eine Stimme; die gewohnte prophetische Stimme der Gottheit; das mir widerfahrende gewohnte göttliche Zeichen; die durch göttliche Schickung mir zugetheilte Stimme; Gottes Stimme[55].

Dass Sokrates selbst bei dieser innern Stimme an wirkliche göttliche Eingebungen glaubte, ist unleugbar; es verging wol kaum ein Tag seines Lebens an dem er sie nicht erfahren hätte. Sie auch scheint es gewesen zu sein, die ihn wie ich oben angeführt habe, oft in seinem Gange plözlich unterbrach dass er stillestand, und mitten im Reden dass er schwieg, und in sich versank, wie kataleptisch oder ekstatisch[56].

Alle modernen Versuche diese göttliche Stimme, das Wort in seinem Herzen zu erklären, sind völlig mislungen; die Philosophie wird sich entschliessen müssen auch diese Offenbarung Gottes, die sie nicht versteht, dennoch als Thatsache gelten zu lassen. Mit der gewöhnlichen philologischen Kritik ist der Sache nicht beizukommen; vielleicht psychologisch: aber freilich nur mit jener objectiven Psychologie, mit der allein die Religionen und Mythologien der Völker und alle

---

[55] Platon im Phaedrus p. 32, 6: τὸ δαιμόνιον τε καὶ τὸ εἰωθὸς σημεῖον καὶ φωνή τις. Apol. p. 136, 10: ἡ εἰωθυῖα μοι μαντικὴ ἡ τοῦ δαιμονίου, p. 136, 16: τὸ τοῦ θεοῦ σημεῖον. Theaetetus p. 193, 18: τὸ γιγνόμενόν μοι δαιμόνιον. Euthydemus p. 396, 12: τὸ εἰωθὸς σημεῖον τὸ δαιμόνιον Aelianus Var. VIII, 1: φωνὴ ὁσία πομπῇ ἐγκεκληρωμένη αὐτῷ. Xenophon in der Apologie §. 12: θεοῦ φωνή.

[56] F. Delbrück, Sokrates p. 17. 23.

grossen Thatsachen im Leben der Menschheit zu begreifen sind. Die beste unter den bisherigen Erklärungen finde ich in folgenden Stellen des Plutarchus: „breit sind die Pfade des menschlichen Lebens, aber nur wenige gibt es, auf denen gute Daemonen uns führen"[57] (klingt ganz wie ein Saz der Mysterienlehre), und weiterhin: „wie das schlagen und pochen der unter der Erde arbeitenden Minirer sich nur vermittelst eherner Schilde wahrnehmen lässt, indem der heraufkommende Schall an diese anschlägt, während er durch alles andere unbemerkt durchfährt[58]; so auch verhält es sich mit den Reden der Daemonen: sie fahren hin durch *alles,* tönen aber nur in denen wieder, die ein ruhiges Gemüth haben, und deren Seele sich in völliger Windstille befindet, und die wir ebendarum heilige und göttliche Menschen nennen"[59]. In der That, der göttliche Genius begleitet uns überall hin und spricht stets zu uns als Mystagog des Lebens[60]; wir aber hören und beachten seine Stimme nur dann, wenn die Leidenschaft in uns schweigt, und unsere Seele still ist in sich selbst, in der heiligen Morgenfrühe und in den stillen Nächten des Lebens. Ja ich glaube bemerkt zu haben, dass alle ursprünglichen

---

[57] Plutarchus Mor. p. 586, A: εὑρεῖαι μὲν γὰρ ἀτραποὶ βίων, ὀλίγαι δὲ, ἃς δαίμονες ἀνθρώπους ἄγουσιν.

[58] Vergl. darüber Herodotus IV, 200 und dazu Bähr.

[59] Plutarchus Mor. p. 589, D: οὕτως οἱ τῶν δαιμόνων λόγοι διὰ πάντων φερόμενοι μόνοις ἐνηχοῦσι τοῖς ἀθόρυβον ἦθος καὶ νήνεμον ἔχουσι τὴν ψυχήν· οὓς δὴ καὶ ἱεροὺς καὶ δαιμονίους ἀνθρώπους καλοῦμεν.

[60] Menander bei Meineke IV p. 238: ἅπαντι δαίμων ἀνδρὶ συμπαράστατι εὐθὺς γενομένῳ, μυσταγωγὸς τοῦ βίου.

Menschen ein solches δαιμόνιον in sich haben, und
dass *kein* grosser Mann je ohne seinen Daemon gewesen ist, den Gott lenkt[61]. Auch ist es mir sehr
wahrscheinlich dass, wenn ein sterblicher Mensch, sei
es durch Mühe und geistige Anstrengung oder durch
natürliche Begabung, zur vollen Harmonie seiner
Kräfte gelangt ist, *dann* andere bis dahin unbekannte
Kräfte sich in ihm zu entwickeln beginnen; so dass
er vermöge der wiedererlangten Ursprünglichkeit seines Wesens mit allem Besseren in der Welt in sub-
stanzieller Verbindung steht, nicht bloss mit dem Ge-
genwärtigen und mit dem Vergangenen, sondern auch
mit dem Zukünftigen, welches er vorempfindet[62].

Darf ich eine Vermuthung wagen, so steht auch

---

[61] Pindarus Pyth. 5, 122: Διός τοι νόος μέγας κυβερνᾷ δαίμον'
ἀνδρῶν φίλων. Die Daemonenlehre ist bekanntlich uralt unter
den Griechen, denn sie findet sich schon in dem *ältesten* Werke
ihrer Poesie, in den Tagewerken des Hesiodus 121 ff. wonach die
ersten seligen Menschen des goldenen Weltalters nach ihrem
Tode „δαίμονες' wurden, gute über die Erde waltende Geister,
welche in Luft gekleidet überall umherschweifen, und als Wächter
der Menschen die Obhut haben über ihre guten und bösen Werke",
seelische Wesen, οὐσίαι ψυχικαί, wie schon Thales sie nannte,
bei Plutarchus Mor. p. 882, B und Athenagoras Leg. pro Christ.
p. 28. Und in der That, wenn es wahr ist dass *alle* Menschen *eines*
Paares Kinder sind und von dessen Leben zehren, und dass demnach in *jedem* Menschen seine ersten Eltern wiedergeboren werden,
ein Theil ihrer noch nicht entwickelten Urkraft: so ist unschwer
einzusehen, dass wirklich in jedem Individuum ausser seinem
individuellen Ich noch ein zweites höheres Ich gegenwärtig sein
müsse, welches jeden Menschen geistig umgibt wie die Platonische
Weltseele den gesammten Kosmos.

[62] Hemsterhuis Vermischte Philosophische Schriften II p. 239 f.

eine dritte Wunderlichkeit des wunderbaren Mannes[63] mit den vorgenannten in enger Verbindung, die allbekannte Sokratische Ironie. Diese hat wie mir scheint ihren lezten Grund in jener inneren Duplicität seines Bewusstseins, vermöge deren er in sich selbst, neben seiner eigenen, eine zweite Stimme vernahm, welcher als der höheren er unbedingt gehorchte, und welcher gegenüber alle menschlichen Dinge ihm nur wenig oder nichts werth zu sein erschienen[64]. Er erlebte sonach in sich selbst beständig das seltsame Schauspiel, dass über seinen eigenen inneren Seelengrund ein höheres Streiflicht dahinfuhr. Und ganz ebenso stand er selbst seinen Zeitgenossen gegenüber, wie ein Berg, dessen Gipfel hell im Sonnenlicht glänzt, während die Menschen an seinem Fusse noch in tiefe Schatten gehüllt sind. Ich weiss zwar wol dass Aristoteles die Sache anders erklärt indem er bemerkt: „die Ironischen, welche die Dinge kleiner darstellen als sie sind, erscheinen als Männer von feiner Sitte. Denn nicht aus Gewinnsucht sprechen sie also, sondern um allen Schwulst zu vermeiden; weshalb sie es auch vorzüglich lieben zu *verleugnen* was ihnen zur Ehre gereicht, wie ja auch Sokrates that"[65].

---

[63] Platon im Sympos. p. 452, 6: τὴν σὴν ἀτοπίαν, p. 465, 4: οἷος δὲ οὑτοσὶ γέγονε τὴν ἀτοπίαν ἄνθρωπος, und Sokrates selbst im Theaetetus p. 189, 21: ὅτι ἀτοπώτατός εἰμι καὶ ποιῶ τοὺς ἀνθρώπους ἀπορεῖν.

[64] Platons Apol. p. 101, 12: ὅτι ἡ ἀνθρωπίνη σοφία ὀλίγου τινός ἀξία ἐστὶ καὶ οὐδενός. De Rep. X, p. 483, 19: οὔ τι τῶν ἀνθρωπίνων ἄξιον ὂν μεγάλης σπουδῆς.

[65] Aristoteles Eth. Nic. IV, 13 p. 1127, B, 22: οἱ εἴρωνες ἐπὶ τὸ ἔλαττον λέγοντες χαριέστεροι μὲν τὰ ἤθη φαίνονται· οὐ γὰρ

Hienach wäre die Ironie etwas Reflectirtes, und hinge mit der stolzen Bescheidenheit zusammen, die ihres inneren Werthes gewiss, ebendarum es verschmäht, denselben auch äusserlich geltend zu machen. Ich glaube aber dass die Ironie des Sokrates, die seinem ganzen Leben eigenthümlich war in allem was er sprach und that[66], nicht ein Product der Reflexion, sondern der ungeschminkte Abdruck seiner wunderbar gemischten Natur gewesen ist, der natürliche Ausdruck des neuen göttlichen Geistes der in ihm zum Durchbruch gekommen war. Das für seine Zeitgenossen Fremdartige, Seltsame, Räthselhafte seiner ganzen Persönlichkeit ist, wie mir scheint, im Wesen *jedes neuen* zum erstenmal durchbrechenden Principes gegründet.

Also von Natur geartet und durch eigene Geistesarbeit geworden, gab er wie gesagt die Naturforschung auf, und widmete sich, etwa vom dreisigsten Lebensjahre angefangen bis zu seinem Tode, ausschliesslich der sittlichen Erziehung seiner Mitbürger, insbesondere der edleren Jünglinge als demjenigen Theile der werdenden Generation, auf welchem die Hoffnung

---

κέρδους ἕνεκα δοκοῦσι λέγειν, ἀλλὰ φεύγοντες τὸ ὀγκηρόν· μάλιστα δὲ καὶ οὗτοι τὰ ἔνδοξα ἀπαρνοῦνται, οἷον καὶ Σωκράτης ἐποίει.

[66] Platon Sympos. p. 455, 18: εἰρωνευόμενος καὶ παίζων πάντα τὸν βίον πρὸς τοὺς ἀνθρώπους διατελεῖ. Cicero De off. I, 30, 108: dulcem et facetum festivique sermonis et in omni oratione εἴρωνα Socratem accepimus. De orat. II, 67, 270: Socratem in hac ironia dissimulantiaque longe lepore et humanitate omnibus praestitisse. Vergl. Brutus 85, 292. Quintilianus IX, 2, 46: universa Socratis vita ironiam habere videbatur.

der Zukunft beruhte. Ja seitdem der Gott in Delphi seinem Jünger Chaerephon einst den Spruch ertheilt hatte: keiner unter allen Hellenen sei weiser als Sokrates [67]: betrachtete er sich selbst als im Dienste der Gottheit stehend, und berufen diesen Ausspruch wahr zu machen dadurch, dass er alles falsche Scheinwissen bekämpfe, die bessere Wahrheit die *ihm* klar geworden auch ins Leben einführe, und ein auf Selbsterforschung gegründetes sittliches Leben, wie in sich, so auch in anderen nach bestem Wissen begründe [68]; und dass er in diesem Berufe auf seinem Posten ausharren müsse wie ein pflichtgetreuer Soldat, so lange es Gott gefalle [69]. Fast niemals darum verliess er Athen [70]; und hier war sein ganzes Leben fortan ein öffentliches: am Morgen besuchte er die Spaziergänge und die Ringplätze; in den Stunden wo der Markt voll war, diesen; und den übrigen Theil des Tages war er immer da, wo er die meisten Menschen erwarten durfte [71].

---

[67] Platon Apol. p. 96. 97, 5: ἤρετο γὰρ δὴ εἴ τις ἐμοῦ εἴη σοφώτερος. ἀνεῖλεν οὖν ἡ Πυθία μηδένα σοφώτερον εἶναι. Der Spruch soll nach den Scholiasten zu Platon p. 331, 25 und zu Aristophanes Nub. 144 also gelautet haben: σοφὸς Σοφοκλῆς, σοφώτερος δ' Εὐριπίδης, ἀνδρῶν δὲ πάντων Σωκράτης σοφώτατος.

[68] Platon Apol. p. 94 ff. und p. 113 f.

[69] Platon im Phaedon p. 13 vergl. Apol. p. 113, 11 ff.

[70] Platon im Kriton p. 163, 5 ff. berichtet ausdrücklich dass Sokrates mehr als irgend ein anderer Athener fast immer in der Stadt geblieben und, seine Feldzüge ausgenommen, nur einmal auf den Isthmus gegangen sei. Vergl. Menon p. 346, 10 f. Nach Aristoteles bei Diogenes L. II, 23 wäre er in seiner Jugend auch einmal nach Samos, und später einmal nach Delphi gekommen.

[71] Xenophon Mem. I, 1, 10. Vergl. Platon Apol. p. 90, 10: εἴωθα λέγειν καὶ ἐν ἀγορᾷ ἐπὶ τῶν τραπεζῶν. Dion Chrysost. Orat. 54

Denn, sagte er lächelnd, ich bin wissbegierig, und
gewöhnt zu reden, jedem mich hingebend der mit
mir sprechen will; die Felder und die Bäume draussen
wollen mich nichts lehren, wol aber die Menschen in der
Stadt[72]. Er sprach da mit jedermann, mit Leuten jedes
Standes und Alters, und wer wollte konnte zuhören[73].
Als der echte Sohn seiner Mutter betheuert er ausdrücklich, Gott habe ihm die Pflicht auferlegt, edelen
Jünglingen geistige Hebammendienste zu leisten; so
dass er nicht sowol selbst etwas zu erzeugen, sondern dazu berufen sei, anderen, vorausgesezt dass sie
schwanger seien, zu einer guten Geburt zu verhelfen[74].
Und er versichert wiederholt dass zwar Viele, wenn
er ihnen mit seiner Geburtshelferkunst die unnütze
Aftergeburt wegnehme, mit der sie behaftet seien, weil
deren Losreissung allerdings schmerzhaft sei, ihm so
böse würden, dass sie ihn geradezu beissen möchten;
dass er aber dieses niemals aus Übelwollen thue, sondern nur darum, weil er eben, wie Gott ihm befohlen

---

p. 280, 20: ἦν τῷ τρόπῳ κοινός καὶ φιλάνθρωπος, καὶ παρεῖχεν
αὑτὸν τοῖς βουλομένοις προςεῖναι καὶ διαλέγεσθαι · περί τε τὴν
ἀγορὰν τὰ πολλὰ διατρίβων καὶ εἰς τὰς παλαίστρας εἰσιὼν καὶ
πρὸς ταῖς τραπέζαις καθεζόμενος. Ebenso Libanius III p. 13, 12 ff.

[72] Platon im Phaedrus p. 9, 14: φιλομαθὴς γάρ εἰμι. τὰ μὲν οὖν
χορία καὶ τὰ δένδρα οὐδέν μ' ἐθέλει διδάσκειν, οἱ δὲ ἐν τῷ
ἄστει ἄνθρωποι.

[73] Xenophon Mem. I, 1, 10.

[74] Vergl. oben Anm. 1 und Platons Theaet. p. 192, 18: μαιεύεσθαί
με ὁ θεὸς ἀναγκάζει, γεννᾶν δὲ ἀπεκώλυσεν. p. 194, 10: προσ-
φέρου οὖν πρός με ὡς πρὸς μαίας υἱὸν καὶ αὐτὸν μαιευτικόν
p. 322, 6: τὴν δὲ μαιείαν ταύτην ἐγώ τε καὶ ἡ μήτηρ ἐκ θεοῦ
ἐλάχομεν, ἡ μὲν τῶν γυναικῶν, ἐγὼ δὲ τῶν νέων τε καὶ γενναίων
καὶ ὅσοι καλοί. Vergl. Maximus Tyrius 16, 4.

habe, durchaus nicht das Falsche für das Wahre dürfe gelten lassen[75].

Was dann seine wissenschaftliche Methode betrifft, so bemerkt darüber Aristoteles folgendes. Zweierlei, sagt er, kann man dem Sokrates gerechter Weise beilegen: dass er, und er zuerst, die Induction und die Definition, als die Stützen der Wissenschaft, in die Philosophie eingeführt hat[76]. Er verfuhr nemlich bei allen seinen philosophischen Untersuchungen so: dass er erstlich ausgieng von einer allgemein anerkannten Wahrheit[77]; dass er zweitens diese durch einige sinnfällige Beispiele erläuterte; dass er sodann, nachdem also die Wege geebnet und die Dinge vorbereitet waren, drittens, als eine ganz analoge Sache *das einführte,* um dessen Erforschung es sich handelte[78];

---

[75] Platon Theaet. p. 194, 16 ff.

[76] Aristoteles Met. I, 6, 3 p. 987, B, 1: Σωκράτους περὶ τὰ ἠθικὰ πραγματευομένου, περὶ δὲ τῆς ὅλης φύσεως οὐθέν, ἐν μέντοι τούτοις τὸ καθόλου ζητοῦντος καὶ περὶ ὁρισμῶν ἐπιστήσαντος πρώτου τὴν διάνοιαν. XIII, 4, 4 p. 1078, B, 17: Σωκράτους δὲ περὶ τὰς ἠθικὰς ἀρετὰς πραγματευομένου καὶ περὶ τούτων ὁρίζεσθαι καθόλου ζητοῦντος πρώτου .. ἐκεῖνος εὐλόγως ἐζήτει τὸ τί ἐστιν· συλλογίζεσθαι γὰρ ἐζήτει, ἀρχὴ δὲ τῶν συλλογισμῶν τὸ τί ἐστιν. XIII, 4, 8 p. 1078, B, 27: δύο γάρ ἐστιν ἅ τις ἂν ἀποδοίη Σωκράτει δικαίως, τούς τ' ἐπακτικοὺς λόγους καὶ τὸ ὁρίζεσθαι καθόλου· ταῦτα γάρ ἐστιν ἄμφω περὶ ἀρχὴν ἐπιστήμης.

[77] Xenophon Mem. IV, 6, 15: ὁπότε αὐτός τι τῷ λόγῳ διεξίοι, διὰ τῶν μάλιστα ὁμολογουμένων ἐπορεύετο, νομίζων ταύτην τὴν ἀσφάλειαν εἶναι λόγου.

[78] Dies ist das Sokratische ἐπαγάγειν, die ἐπαγωγή oder *inductio.* Aristoteles Topica I, 12 p. 105, A, 13: ἐπαγωγή, ἡ ἀπὸ τῶν καθ' ἕκαστον ἐπὶ τὰ καθόλου ἔφοδος, das aufsteigen vom ein-

und dass er endlich, also absteigend und aufsteigend
vom allgemeinen zum einzelnen und vom einzelnen
zum allgemeinen, viertens eine klare und feste Begriffsbestimmung oder Definition dieser Sache zu ge-
winnen suchte. Er hielt diese Art der Beweisführung
für die sicherste: auszugehen von einer festen Wahrheit; unter diese an der Hand der Analogie, ähnliches an ähnliches reihend und vom kleineren zum
grösseren, vom bekannten zum unbekannten fort-
schreitend, sodann auch *den* Gegenstand zu subsu-
miren der untersucht werden sollte; und endlich, alle
gewonnenen Momente zusammenfassend, zu schliessen
mit einer logisch klaren Begriffsbestimmung der Sache.
„Denn nur wer den richtigen Begriff einer Sache habe,

---

zelnen zum allgemeinen. Diogenes L. III, 53: ἔστι μὲν γὰρ ἐπα-
γωγὴ λόγος διά τινων ἀληθῶν τὸ ὅμοιον ἑαυτῷ ἀληθὲς οἰκείως
ἐπιφέρων. Cicero De invent. I, 31, 51: omnis argumentatio aut
per inductionem tractanda est aut per ratiocinationem. Inductio
est oratio, quae rebus non dubiis captat assensionem eius quicum
instituta est: quibus assensionibus facit, ut illi dubia quaedam
res, propter similitudinem earum rerum quibus assensit, probetur —
was dann im folgenden exemplificirt und §. 54 also zusammen-
gefasst wird: ita fit hoc genus argumentandi tripartitum: prima
pars ex similitudine constat una pluribusve; altera ex eo quod
concedi volumus, cuius causa similitudines adhibitae sunt; tertia
ex conclusione, quae aut confirmat concessionem, aut quid ex ea
conficiatur ostendit. Topica 10, 42: sunt similitudines, quae ex
pluribus collationibus perveniunt quo volunt. Haec ex pluribus
perveniens quo vult, appellatur inductio, Graece ἐπαγωγή, qua
plurimum est usus in sermonibus Socrates. Quintilianus V, 11, 3:
ἐπαγωγή, inductio illa, qua plurimum est Socrates usus, hanc
habuit vim: cum plura interrogasset quae fateri adversario necesse
esset, novissime id de quo quaerebatur inferebat, cui simile con-
cessisset, id est inductio.

sei auch im Stande *andern* dieselbe klar zu machen;
wer aber selbst nicht klar sehe, von dem sei nicht
zu verwundern wenn er sich und andere täusche.
Darum war er unermüdlich, mit seinen Freunden *die
richtigen Begriffe der Dinge* zu erforschen"[79]. Und in
der That, wenn das was die Menschen geistig verbindet, das denken ist, alles klare denken aber ein
denken in Begriffen ist: so lässt sich nur auf dem
Wege klarer bestimmter fester Begriffe mit einiger
Sicherheit auf andere geistig einwirken, und eine ge-
meinsame geistige Thätigkeit, ein echt menschliches
Geistesleben erzeugen.

Unzertrennlich verknüpft mit dieser inductiven
Methode des Sokrates, und nicht sowol ihre Folge
als vielmehr ihre Ursache, war die ungemeine An-
schaulichkeit, Frische und drastische Lebendigkeit
seiner ganzen Lehrart, seine echt volksthümliche Vor-
liebe für Gleichnisse, Sprichwörter, Dichterstellen, sein
schonungsloser Kampf gegen alle sophistische Schein-
weisheit, allen falschen Prunk, den er durch die zerstörende Kraft seiner Dialektik wie einen leeren Dunst
von der Philosophie wegblies. Freilich hat gerade
diese Art, fast alle Gleichnisse, Beispiele, Analogien
von gewöhnlichen Dingen herzunehmen, und das
Höchste mit dem scheinbar Niedersten in Verbindung
zu bringen, seinen Gegnern zu vielfachem Ärger An-

---

[79] Xenophon Mem. IV, 6, 1: Σωκράτης γὰρ τοὺς μὲν εἰδότας, τί
ἕκαστον εἴη τῶν ὄντων, ἐνόμιζε καὶ τοῖς ἄλλοις ἂν ἐξηγεῖσθαι
δύνασθαι· τοὺς δὲ μὴ εἰδότας, οὐδὲν ἔφη θαυμαστὸν εἶναι,
αὐτούς τε σφάλλεσθαι καὶ ἄλλους σφάλλειν· ὧν ἕνεκα σκοπῶν
σὺν τοῖς συνοῦσι, τί ἕκαστον εἴη τῶν ὄντων, οὐδέποτ' ἔληγε.

lass gegeben; und namentlich haben die Sophisten, deren Kunst zu allen Zeiten in schön verschlungenen Phrasen besteht, seine Gleichnisse, und dass er immer so jämmerliche und gemeine Dinge vorbringe bei erhabenen Fragen, ihm als Ungeschliffenheit vorgeworfen[80]. Er aber blieb dabei, nicht bloss um alles falsche Pathos zu dämpfen, sondern weil es immer und überall das Recht des Genius ist, grosse Wahrheiten in einfache Worte zu kleiden. So dass auch Plutarch mit Recht bemerkt hat, Sokrates habe mehr als irgend ein anderer die Philosophie gleichsam vermenschlicht, indem er in allen seinen Untersuchungen einer ungekünstelten Einfachheit sich beflissen, die am meisten der Wahrheit befreundet sei; den Dünkel aber als einen Rauch der Philosophie den Sophisten überlassen habe[81].

Die Hauptsäze seiner Lehre nun, über die er selbst nichts geschrieben hat[82], sind nach den übereinstimmenden Angaben seiner Schüler folgende.

---

[80] Kritias bei Xenophon Mem. I, 2, 37. und Platons Gorgias p. 109, 18 ff. und Hippias maj. p. 425, 4 ff. p. 460, 17.

[81] Plutarchus Mor. p. 580, B: Σωκράτης τὸ ἀφελὲς καὶ ἄπλαστον, ὡς ἐλευθέριον καὶ μάλιστα φίλον ἀληθείας ἑλόμενος, τὸν τῦφον ὥσπερ τινὰ καπνὸν φιλοσοφίας, εἰς τοὺς σοφιστὰς ἀποσκεδάσας, und p. 582, B: Σωκράτους, ἀνδρὸς ἀτυφίᾳ καὶ ἀφελείᾳ μάλιστα δὴ φιλοσοφίαν ἐξανθρωπίσαντος.

[82] Cicero De orat. III, 16, 60: Socrates ipse litteram nullam reliquit. Hamann II, 44: Sokrates wurde kein Autor, und hierin handelte er einstimmig mit sich selbst; er brauchte keine Schriften zu seinem Gedächtnis. Seine Philosophie schickte sich für jeden Ort und zu jedem Fall. Der Markt, das Feld, ein Gastmal, das Gefängnis waren seine Schulen.

Vor allem suchte er seinen Freunden richtige Begriffe von den Göttern beizubringen, da diese die Vorbedingung seien für alles andere rechte wissen und handeln[53]. Wie im grossen des Völkerlebens die Theologie die erste und älteste aller Wissenschaften ist, und je nach *ihrer* Beschaffenheit auch allem übrigen Wissen und Leben der Völker *ihren* Charakter aufdrückt: so auch, war er überzeugt, müsse in der Bildung jedes Einzelnen zuerst dieser Anfang recht begründet werden, ehe man weiter gehen könne. „Die Weisen sagen, so lässt Platon ihn sprechen, dass Himmel und Erde, Götter und Menschen, nur durch Gemeinschaft, Freundschaft, Ordnung, Maass, Gerechtigkeit bestehen, und dass nur dadurch (dass durch die ganze Natur Intelligenz verbreitet ist) dieses Weltganze einen Kosmos bilde und nicht ein Chaos"[84]. Und in gleicher Weise lässt Xenophon ihn in einer Unterredung mit Euthydemus des kosmotheologischen Beweises sich bedienen, wonach wir von der zweckmässigen Einrichtung der Dinge auf einen diesen Zweck wollenden Urheber derselben schliessen, und

---

[53] Xenophon Mem. IV, 3, 2: πρῶτον μὲν δὴ περὶ θεοὺς ἐπειρᾶτο σώφρονας ποιεῖν τοὺς συνόντας, Vergl. Cicero pro Plancio 12, 29: nam meo judicio pietas fundamentum est omnium virtutum. De nat. deor. II, 61, 153: ex cognitione deorum oritur pietas, cui conjuncta justitia est reliquaeque virtutes, e quibus vita beata existit par et similis deorum.

[84] Platon im Gorgias p. 133, 6: φασὶ οἱ σοφοὶ καὶ οὐρανὸν καὶ γῆν καὶ θεοὺς καὶ ἀνθρώπους τὴν κοινωνίαν συνέχειν καὶ φιλίαν καὶ κοσμότητα καὶ σωφροσύνην καὶ δικαιότητα, καὶ τὸ ὅλον τοῦτο διὰ ταῦτα κόσμον καλοῦσιν, οὐκ ἀκοσμίαν οὐδὲ ἀκολασίαν. Vergl. Philebus p. 168, 11 ff.

„ihre Werke schauend die Götter anbeten und verehren sollen, *τὰ ἔργα αὐτῶν ὁρῶντι σέβεσθαι καὶ τιμᾶν
τοὺς θεούς.* Bedenke doch, sagt er, dass die Götter
selbst uns hiezu anleiten: denn wie die *anderen* Götter,
wenn sie uns Gutes schenken, dabei nicht in die Sicht-
barkeit treten, so auch der *(eine höchste)* das ganze
Weltall ordnende und zusammenhaltende Gott, der
alles Schöne und Gute in sich fasst, und es denen
die sich dessen bedienen wollen stets unversehrt gesund und ewig jung erhält und, schneller als der Ge-
danke ist, ohne Fehl es ihnen zu Hilfe sendet: auch
dieser wird nur in der Grösse seiner Werke geschaut,
nicht in seiner inneren Weltoekonomie.[85]. Bedenke
ferner dass auch die allen sichtbare Sonne den Menschen nicht gestattet sie genau ins Auge zu fassen,
sondern wenn einer sich unterfängt sie frech anzubli-
cken, raubt sie ihm das Gesicht. Und ebenso wirst
du auch finden, dass die *Diener* der Götter unsicht-
bar sind: dass der Blitzstrahl von oben kommt und
alles bezwingt was ihm in den Weg tritt, ist offenbar;

---

[85] Xenophon Mem. IV, 3, 13: *ἐννόει δὲ ὅτι καὶ αὐτοὶ οἱ θεοὶ
οὕτως ὑποδεικνύουσιν· οἵ τε γὰρ ἄλλοι ἡμῖν τὰ ἀγαθὰ διδόντες,
οὐδὲν τούτων εἰς τοὐμφανὲς ἰόντες διδόασιν, καὶ ὁ τὸν ὅλον
κόσμον συντάττων τε καὶ συνέχων, ἐν ᾧ πάντα τὰ καλὰ καὶ
ἀγαθά ἐστι, καὶ ἀεὶ μὲν χρωμένοις ἀτριβῆ τε καὶ ὑγιῆ καὶ
ἀγήρατα παρέχων, θᾶττον δὲ νοήματος ἀναμαρτήτως ὑπηρε-
τοῦντα, οὗτος τὰ μέγιστα μὲν πράττων ὁρᾶται, τάδε δὲ οἰκονομῶν
ἀόρατος ἡμῖν ἐστιν.* Ebenso Cyropaedia VIII, 7, 22: *θεούς γε
τοὺς ἀεὶ ὄντας καὶ πάντ' ἐφορῶντας καὶ πάντα δυναμένους, οἳ
καὶ τήνδε τὴν τῶν ὅλων τάξιν συνέχουσιν ἀτριβῆ καὶ ἀγήρατον
καὶ ἀναμάρτητον, καὶ ὑπὸ κάλλους καὶ μεγέθους ἀδιήγητον.*
Vergl. Sextus Emp. IX, 92 ff.

gesehen aber wird *nicht* weder wie er ankommt,
noch wie er einschlägt, noch wie er weggeht. Und
gleicherweise sehen wir auch die Winde nicht; ihre
Wirkungen aber sind offenbar, und ihr Anwehen empfinden wir. Ja auch die Seele des Menschen, die
doch wenn irgend etwas Menschliches an dem Göttlichen Theil hat, ist selbst nicht sichtbar; dass sie
aber *in* uns hersche ist offenbar. Dieses müssen wir
bedenken und das Unsichtbare nicht geringschäzen,
sondern aus dem Gewordenen die *in* ihm wirkende
Macht erkennen und die Gottheit verehren"[86]. Ja er
war so fest überzeugt von einem objectiven Weltverstande, dass es ihm geradezu absurd erschien zu
glauben, es sei zwar Verstand in den einzelnen Menschen, in der Welt aber und in der Weltordnung sei
keiner[87]; und es war ihm über allen Zweifel gewiss,
dass die Götter *alles* wissen, die Worte und die Handlungen, wie die stillen Gedanken der Menschen, und
dass sie überall gegenwärtig seien, und uns über alle
unsere Angelegenheiten Andeutungen geben[88]. Und

---

[86] Xenophon Mem. IV, 3, 14: ἃ χρὴ κατανοοῦντα μὴ καταφρονεῖν
τῶν ἀοράτων, ἀλλ' ἐκ τῶν γινομένων τὴν δύναμιν αὐτῶν κατα-
μανθάνοντα τιμᾶν τὸ δαιμόνιον.

[87] Xenophon Mem. I, 4, 8: νοῦν ἄρα μόνον οὐδαμοῦ ὄντα σε
εὐτυχῶς πως δοκεῖς συναρπάσαι, καὶ τάδε τὰ ὑπερμεγέθη καὶ
πλῆθος ἄπειρα δι' ἀφροσύνην τινὰ οὕτως οἴει εὐτάκτως ἔχειν;
vergl. Cicero De nat. deor. II, 6, 18 und III, 11, 26: quaerit
apud Xenophontem Socrates, unde animum arripuerimus, si nullus
fuerit in mundo; und De legg. II, 7, 16: neminem esse oportere
tam stulte arrogantem, ut in se rationem et mentem putet inesse,
in caelo mundoque non putet.

[88] Xenophon Mem. I, 1, 19: πάντα μὲν θεοὺς εἰδέναι, τά τε λεγό-

glaubte er über irgend etwas einen solchen Rath der Gottheit zu besitzen, so sah er in unbedingtem Vertrauen darauf über jedes menschliche Bedenken hinweg[89]. „Gott ist nie und in keiner Weise ungerecht, sondern im allerhöchsten Grade gerecht; und nichts ist ihm ähnlicher als wer auch unter uns nach Möglichkeit gerecht ist. Darin allein besteht auch die wahre Grösse eines Mannes, sowie umgekehrt seine Nichtigkeit und Unmännlichkeit"[90].

Wie es nun mit dem Monotheismus oder Polytheismus des Sokrates stand? Es liegt wol in der Natur seiner ganzen Stellung seinem Volke und seiner Zeit gegenüber, und seines ausdrücklich anerkannten Grundsazes dass man die Gottheit nach der Weise der Väter verehren solle, dass er die Entscheidung der Frage zwischen Monotheismus und Polytheismus nicht ausdrücklich accentuirt, sondern sich

---

μενα καὶ πραττόμενα καὶ τὰ σιγῇ βουλευόμενα, παντιαχοῦ δὲ παρεῖναι καὶ σημαίνειν τοῖς ἀνθρώποις περὶ τῶν ἀνθρωπείων πάντων. Wie ja auch schon Thales lehrte: dass vor den Göttern nicht nur die Handlungen der Menschen, sondern auch die Gedanken offen lägen, so dass wir nicht blos unsere Hände sondern auch unsere Gedanken rein bewahren sollten, überzeugt dass die Gottheit auch unserem geheimsten denken nahe sei: Diogenes L. I, 36. Clemens Alex. Strom. VI, 14 p. 704, 23 und Valerius Maximus VII, 2 ext. 8.

[89] Xenophon Mem. I, 8, 4: αὐτὸς πάντα τἀνθρώπινα ὑπερεώρα πρὸς τὴν παρὰ τῶν θεῶν ξυμβουλίαν.

[90] Sokrates in Platons Theaetetus p. 247, 15: θεὸς οὐδαμῇ οὐδαμῶς ἄδικος, ἀλλ᾿ ὡς οἷόν τε δικαιότατος, καὶ οὐκ ἔστιν αὐτῷ ὁμοιότερον οὐδὲν ἢ ὃς ἂν ἡμῶν αὖ γένηται ὅ τι δικαιότατος. περὶ τούτου καὶ ἡ ὡς ἀληθῶς δεινότης ἀνδρὸς καὶ οὐδενία τε καὶ ἀνανδρία.

damit begnügt hat seine wahre Überzeugung gelegentlich auszusprechen. Demgemäss ist auch seine Ausdrucksweise über Gott und die Götter schwankend; und ich glaube bemerkt zu haben, dass er ebendarum, halb instinctiv halb absichtlich, die neutrale Bezeichnung *Gottheit* der masculinischen *Gott* und *Götter* vorzog: wie je auch wir zuweilen es lieben, um der unerquicklichen Controverse über Monotheismus und Pantheismus auszuweichen. Seine Ausdrücke sind: τὸ θεῖον, die Gottheit, die eine solche sei, dass sie *zugleich* alles sehe, alles höre, überall gegenwärtig sei, und alles mit ihrer Fürsorge umfasse[91]. Ganz in demselben Sinne aber braucht er auch den Ausdruck τὸ δαιμόνιον[92], so dass auch das *ihm* beiwohnende δαιμόνιον nichts anderes bezeichnet als die Stimme der Gottheit, das Göttliche, den Gott in ihm, dieselbe Gottheit welche sich auch in den verschiedenen Arten der Mantik offenbart[93]. Daneben aber bedient er sich auch

---

[91] Mem. I, 4, 18: γνώσῃ τὸ θεῖον, ὅτι τοσοῦτον καὶ τοιοῦτόν ἐστιν ὥσθ' ἅμα πάντα ὁρᾶν καὶ πάντα ἀκούειν καὶ πανταχοῦ παρεῖναι καὶ ἅμα πάντων ἐπιμελεῖσθαι. Dem neutralen θεῖον werden hier Kräfte und Eigenschaften zugeschrieben, die nur einem persönlichen Wesen zukommen können. Vergl. hiemit Cyrop. V, 4, 31: ὄμνυμί σοι τοὺς θεοὺς οἳ καὶ ὁρῶσι πάντα καὶ ἀκούουσι πάντα. VIII, 7, 22 oben Anm. 85. Sympos. 4, 48: οἱ πάντα μὲν εἰδότες, πάντα δὲ δυνάμενοι θεοὶ οὕτω μοι φίλοι εἰσίν, ὥστε διὰ τὸ ἐπιμελεῖσθαί μου οὔποτε λήθω αὐτούς κτλ. in welchen Stellen alles was in der ersten von dem θεῖον ausgesagt wird, von den θεοί praedicirt ist, so dass also τὸ θεῖον = οἱ θεοί.

[92] Mem. I, 4, 2 und IV, 3, 14. 15.

[93] Mem. I, 1, 2 f. IV, 8, 1. 5. . Apol. §. 4. 13.

der Ausdrücke: ὁ Θεός, der Gott[94]; ὁ σοφὸς δημιουργός,
der weise Schöpfer[95]; ὁ ἐξ ἀρχῆς ποιῶν ἀνθρώπους;
der ursprünglich die Menschen geschaffen hat[96]; ἡ ἐν
τῷ παντὶ φρόνησις, ἱκανὴ ἅμα πάντων ἐπιμελεῖσθαι,
die dem Weltall inwohnende Vernunft, die für alles
und jedes Sorge trägt[97]: und alle diese Ausdrücke
wechseln wieder mit der volksthümlichen Bezeichnung
οἱ Θεοί, die Götter. Dass er, nach dem Vorbilde der
älteren Jonischen Dorischen und Eleatischen Philosophen[98] in *offenbarer* Opposition gegen den nationalen
Polytheismus einen wissenschaftlichen Monotheismus
gelehrt habe: davon findet sich in den älteren Quellen
bei Xenophon Platon und Aristoteles keine Spur. Wol
aber hat nach ihm sein Schüler Antisthenes geradezu
gelehrt: es gebe zwar viele Volksgötter, aber nur *einen*
Gott der Natur, der mit unseren leiblichen Augen nicht
geschaut, mit nichts anderem verglichen, und ebendarum auch nicht bildlich könne dargestellt werden[99].

---

[94] Mem. I, 4, 13. 17: τὸν τοῦ θεοῦ ὀφθαλμὸν ἀδύνατον εἶναι
μὴ ἅμα πάντα ὁρᾶν. IV, 7, 6: ἕκαστα ὁ θεὸς μηχανᾶται. IV, 8, 6:
εἰ τῷ θεῷ δοκεῖ βέλτιον εἶναι ἐμὲ τελευτᾶν τὸν βίον ἤδη Apol.
§. 13 (wo ὁ θεός und τὸ δαιμόνιον promiscue gebraucht werden).

[95] Mem. I, 4, 7. — [96] Mem. I, 4, 5. — [97] Mem. I, 4, 17.

[98] S. meine Studien p. 56 ff.

[99] Cicero De nat. deor. I, 13, 32: etiam Antisthenes in eo libro
qui Physicus inscribitur, populares deos multos, naturalem unum
esse dicens tollit vim et naturam deorum; und danach Lactantius
I, 5 p. 36: multos quidem esse populares deos, unum tamen naturalem id est totius summae artificem (Weltbildner). Clemens
Alex. Strom. V, 14 p. 714 10: οὐδενὶ ἐοικέναι φησὶ τὸν θεόν·
διόπερ αὐτὸν οὐδεὶς ἐκμαθεῖν ἐξ εἰκόνος δύναται. Theodoretus
De Graec. aff. I, 75: περὶ τοῦ θεοῦ τῶν ὅλων· ἀπὸ εἰκόνος οὐ
γνωρίζεται, ὀφθαλμοῖς οὐχ ὁρᾶται, οὐδενὶ ἔοικε, διόπερ κτλ.

Dem Sokrates selbst war jede solche Polemik zuwider; er scheint in der That den uralten Grundsaz befolgt zu haben, dem alle Verständigen im Alterthum zu huldigen liebten: die Götter zu verehren nach der Weise der Väter, *νόμῳ πόλεως, κατὰ τὰ πάτρια, more majorum,* wie schon Hesiodus lehrt[100], und wie es ja auch von Delphi her immer als Norm aufgestellt wurde[101]. In seinen Gebeten pflegte er die Götter schlechtweg um das was gut sei zu bitten, was in jedem einzelnen Falle gut sei, wüssten sie selbst am besten; die Opfer die er darbrachte waren klein, seinem Vermögen gemäss: Gottesfurcht, glaubte er, liebten die Götter mehr als kostbare Gaben[102]. Es war bekannt, sagt Xenophon, dass er oft, sowol zu Hause auf seinem Hausaltare, als auf den gemeinsamen Altären der Stadt geopfert habe[103]; und auch er selbst bezeugt ausdrücklich dass, wie jeder es habe sehen können, er an den gemeinsamen Festen und auf den öffentlichen Altären sein Opfer dargebracht

---

[100] Hesiodus Fr. 185: ὥς κε πόλις ῥέζῃσι, νόμος δ' ἀρχαῖος ἄριστος.

[101] Xenophon Mem. I, 3, 1. IV, 3, 16. Aristoteles Rhet. ad Alex. 3 p. 1423, A, 34 ff. Cicero De legg. II, 16. Augustinus De consensu evangelistarum I, 26: Socratis sententia est, unumquemque deum sic coli oportere, quomodo se ipse colendum esse praeceperit.

[102] Mem. I, 3, 2: εὔχετο πρὸς τοὺς θεοὺς ἁπλῶς τἀγαθὰ διδόναι, ὡς τοὺς θεοὺς κάλλιστα εἰδότας ὁποῖα ἀγαθά ἐστιν. θυσίας δὲ θύων μικρὰς ἀπὸ μικρῶν. οὐδὲν ἡγεῖτο μειοῦσθαι τῶν ἀπὸ πόλλων καὶ μεγάλων πολλὰ καὶ μεγάλα θυόντων.. τοὺς θεοὺς ταῖς παρὰ τῶν εὐσεβεστάτων τιμαῖς μάλιστα χαίρειν. Vergl. Platons Alcib. II p. 281 und m. Studien p. 143 f.

[103] Mem. I, 1, 2: θύων τε γὰρ φανερὸς ἦν πολλάκις μὲν οἴκοι πολλάκις δὲ ἐπὶ τῶν κοινῶν τῆς πόλεως βωμῶν.

habe[104]. Er ging, sagt ein Späterer, zum Piräeus hinab um die Göttin Bendis anzubeten, und ermahnte dazu auch die andern, wie denn sein ganzes Leben ein fortgeseztes Gebet war[105]. Ja er stand so wenig in einer ausgesprochenen Opposition mit der öffentlichen Volksreligion, dass er vielmehr in allen dunkelen und wichtigen Fragen seinen Freunden rieth, bei dem Gotte in Delphi sich anzufragen[106].

Mit dieser seiner Lehre von Gott hing dann auch jene von der Unsterblichkeit der menschlichen Seele naturnothwendig zusammen. Man hat zwar aus einer populären Alternative in seiner gerichtlichen Vertheidigungsrede bei Platon[107] (die in treffender Weise seinen Richtern gegenüber zeigen wollte, dass der Tod, *wie* man ihn auch betrachte, in *keinem* Falle ein Übel sei)[108] folgern wollen, er habe die persönliche Fortdauer der menschlichen Seele nach dem Tode mehr gewünscht und gehofft als fest geglaubt. Aber dieser Meinung widersprechen die unzweideutigsten Zeugnisse. Denn nicht erst Cicero ist es der uns berichtet,

---

[104] Xenophon Apol. §. 11: θύοντά με ἐν ταῖς κοιναῖς ἑορταῖς καὶ ἐπὶ τῶν δημοσίων βωμῶν καὶ οἱ ἄλλοι οἱ παρατυγχάνοντες ἑώρων καὶ αὐτὸς Μέλιτος εἰ ἐβούλοιτο.

[105] Maximus Tyrius XI, 8: Σωκράτης εἰς Πειραιᾶ· κατῄει προσευξάμενος τῇ θεῷ, καὶ τοὺς ἄλλους προετρέπετο, καὶ ἦν ὁ βίος Σωκράτει μεστὸς εὐχῆς.

[106] Cicero de divinat. I, 54, 122: Socrates Xenophonti consulenti, sequereturne Cyrum, postea quam exposuit quae sibi videbantur, Et nostrum quidem, inquit, humanum est consilium; sed de rebus et obscuris et incertis ad Apollinem censeo referendum: ad quem etiam Athenienses publice de majoribus rebus semper retulerunt.

[107] S. unten Anm. 275.

[108] Vergl. Brandis Griech. Philos. II. p. 62. 63.

Sokrates habe *beständig* gelehrt, des Menschen Seele
sei unsterblich, und kehre nach dem Tode des Leibes
in den Himmel zurück; am schnellsten die Seele des
Guten und des Gerechten [109]: sondern auch bei Platon
und Xenophon behauptet er auf das bestimmteste,
die menschliche Seele lasse sich nicht begreifen ohne
die göttliche Weltseele [110], und wenn irgend etwas im
Menschen, so sei seine Seele des Göttlichen theil-
haftig [111]. Platon ferner lässt ihn wiederholt ausspre-
chen: es sei eine alte Lehre der Priester und aller
echten Dichter, dass die Seele des Menschen unsterblich sei [112]; und dass keiner der nicht ganz unver-
ständig und unmännlich sei, das sterben fürchte, wol
aber das unrechtthun: denn *das* sei das ärgste Übel,
wenn eine Seele mit vielen Sünden belastet in den
Hades komme [113]. Und im Axiochus endlich drückt
er diesen Glauben also aus: „der Mensch, so spricht
er, ist eine Seele, ein unsterbliches Wesen in einer
sterblichen Behausung, in einem Wanderzelt einge-
schlossen; so dass von diesem Leibe zu scheiden nur

---

[109] Cicero De amicitia 4, 13: is qui Apollinis oraculo sapientissimus
est judicatus, idem semper dicebat, animos hominum esse divinos,
iisque quum e corpore excessissent, reditum in caelum patere,
optimoque et justissimo cuique expeditissimum.

[110] Sokrates bei Platon im Phaedrus p. 88, 2 ff.

[111] Mem. IV, 3, 14: ἡ ἀνθρώπου ψυχὴ, εἴπερ τι καὶ ἄλλο τῶν ἀνθρωπίνων, τοῦ θείου μετέχει.

[112] Platon im Menon p. 348 f.

[113] Platon im Gorgias p. 168, 8: αὐτὸ μὲν γὰρ τὸ ἀποθνήσκειν
οὐδεὶς φοβεῖται, ὅς τις μὴ παντάπασιν ἀλόγιστός τε καὶ ἄναν-
δρός ἐστι, τὸ δὲ ἀδικεῖν φοβεῖται· πολλῶν γὰρ ἀδικημάτων
γέμοντα τὴν ψυχὴν εἰς Ἄιδου ἀφικέσθαι πάντων ἔσχατον
κακῶν ἐστίν.

die Vertauschung eines Übels gegen ein Gut ist; denn
das weiss ich unerschütterlich gewiss, dass jede Seele
unsterblich ist"[114].

Dass dieser Lehre von Gott und der menschlichen Seele auch seine ganze Ethik entsprochen habe,
ist bei einem Manne wie er, dessen denken und wollen
aus einem Gusse, und dessen ganzes Leben in Wahrheit zur schönsten Harmonie gestimmt war [115], natürlich. Die Ideen der Philosophie und der Tugend waren
bei ihm völlig verschmolzen: philosophiren sagte er
ist nichts anderes als der Tugend gemäss werkthätig
leben [116]. Weisheit und Tugend trennte er nicht von
einander, sondern wer das Schöne und Gute kenne
und danach handele, und wer wisse was unedel sei
und sich davor hüte, nur der sei weise zugleich und
tugendhaft [117]; er aber, Sokrates, habe die Aufgabe

---

[114] Axiochus p. 509, 12: ἡμεῖς μὲν γάρ ἐσμεν ψυχή (ebenso Sokrates in Platons Alcib. I p. 361, 14: ὅτι ἡ ψυχή ἐστιν ἄνθρωπος)͵
ζῶον ἀθάνατον ἐν θνητῷ κατειργμένον φρουρίῳ, ὥστε ἡ τοῦ
ζῆν ἀπαλλαγή κακοῦ τινός ἐστιν εἰς ἀγαθόν μεταβολή, und
p. 516, 10: τοῦτο ἐμπέδως οἶδα ὅτι ψυχή ἅπασα ἀθάνατος
(ganz wie in Platons Phaedrus p. 38, 11: ψυχή πᾶσα ἀθάνατος).
Der im Verlaufe der ersten Stelle abwechselnd mit φρούριον vor-
kommende Ausdruck σκῆνος, Zelt, der aus dem ältesten Hirten-
leben der Völker sich herschreibt und auch in den Schriften der
Pythagoreer (Timaeus Locrus p. 386, 12 und Perictione bei Stobaeus Flor. 85, 19) und des Democritus (Fragm. moral. 6. 22.
128) sich findet, erinnert lebhaft an die neutestamentlichen Stellen
des Paulus Corinth. II, 5, 1: ἡ ἐπίγειος ἡμῶν οἰκία τοῦ σκήνους,
und des Petrus II, 1, 13: ἐφ' ὅσον εἰμί ἐν τούτῳ τῷ σκηνώματι.
[115] Vergl. Platons Laches p. 271, 7 ff.
[116] Themistius Orat. II p. 37, 28: ὅτι μή ἄλλο τι τό φιλοσοφεῖν
ἐστιν ἤ τό ἐργάζεσθαι ἀρετήν.
[117] Xenophon Mem. III, 9, 4: σοφίαν καί σωφροσύνην οὐ διώριζεν,

seines Lebens erfüllt, wenn es ihm gelungen sei die Menschen anzufeuern zur Erkenntnis *und* Ausübung der Tugend: denn wer so weit gekommen sei, dass er in Wahrheit nichts lieber sein wolle als ein tugendhafter Mann, für den sei jede *andere* Wissenschaft leicht [118]. So ging er überall darauf aus, dass der ganze innere Mensch *einer*, *ein Ganzes* sein, dass denken und wollen, kennen und können nicht zwiespaltig sondern einig sein sollen; und da von diesen beiden das Wissen das specifisch höhere und göttliche sei, so müsse im echten normalen Zustande das Wollen nothwendig dem Wissen, der besseren Erkenntnis auch das bessere Handeln folgen: so dass es demnach nur *ein* Gut, die rechte Erkenntnis, und nur *ein* Übel, die Unwissenheit gebe [119]. Er selbst suchte darum immer zu erforschen, nicht die Geseze des Himmels, sondern was für den sittlichen Menschen Werth hat: was fromm und was gottlos sei, was gut und böse, gerecht und ungerecht, was Weisheit und was Thorheit, Tapferkeit und Feigheit, was der Staat und die

---

ἀλλὰ τὸν μὲν τὰ καλά τε καὶ ἀγαθὰ γινώσκοντα καὶ χρῆσθαι αὐτοῖς, τὸν δὲ τὰ αἰσχρὰ εἰδότα καὶ εὐλαβεῖσθαι, σοφόν τε καὶ σώφρονα ἔκρινε. So emendire und verstehe ich die vielbesprochene Stelle.

[118] Cicero De orat. I, 47, 204: Socratem solitum ajunt dicere, perfectum sibi opus esse, si qui satis esset concitatus cohortatione sua ad studium cognoscendae percipiendaeque virtutis: quibus enim id persuasum esset ut nihil mallent esse quam bonos viros, iis reliquam facilem esse doctrinam.

[119] Diogenes L. II, 31: ἔλεγε ἓν μόνον ἀγαθὸν εἶναι, τὴν ἐπιστήμην, καὶ ἓν μόνον κακόν, τὴν ἀμαθίαν. Vergl. Brandis Griech. Philos. II p. 37 ff.

Staatskunst, Herschaft und Herscherkunst sei: kurz
alles das was die Wissenden edel und gut, und
die Nichtwissenden zu Sklavenseelen macht[120]. Denn
das ja sei eines der grössten Güter für den Menschen,
sich täglich über die Tugend zu unterreden[121]. Sein
Hauptbestreben war demnach auf die sittliche Natur
des Menschen, auf Selbsterkenntnis und Gewissens-
erforschung gerichtet, um die Menschen durch klare
Erkenntnis des Wahren und Guten auch zur Ausübung desselben zu bringen. Alle Menschen wollen für
gut gelten, und keiner thut etwas anderes als wovon
er glaubt dass es ihm gut sei[122]: wolan, sagte er, es
gibt keinen schöneren Weg zum Ruhme, als darin
tüchtig zu *sein,* worin du es *scheinen* willst[123].

Die Hauptsätze seiner Ethik sind demnach folgende: Das heiligste unter allem ist ein guter Mensch,

---

[120] Xenophon Mem. I, 1, 16: αὐτὸς δὲ περὶ τῶν ἀνθρωπείων ἀεὶ
διελέγετο σκοπῶν, τί εὐσεβές, τί ἀσεβές· τί καλόν, τί αἰσχρόν·
τί δίκαιον, τί ἄδικον· τί σωφροσύνη, τί μανία· τί ἀνδρία, τί
δειλία· τί πόλις, τί πολιτικός· τί ἀρχὴ ἀνθρώπων, τί ἀρχικὸς
ἀνθρώπων· καὶ περὶ τῶν ἄλλων, ἃ τοὺς μὲν εἰδότας ἡγεῖτο
καλοὺς καὶ ἀγαθοὺς εἶναι, τοὺς δὲ ἀγνοοῦντας ἀνδραποδώδεις
ἂν δικαίως κεκλῆσθαι.

[121] Platon Apol. p. 132, 8: ὅτι καὶ τυγχάνει μέγιστον ἀγαθὸν ὂν
ἀνθρώπῳ τοῦτο, ἑκάστης ἡμέρας περὶ ἀρετῆς τοὺς λόγους ποιεῖσθαι.

[122] Xenophon Mem. III, 9, 4 f. IV, 6, 6. Aristoteles M. Mor. I, 29.

[123] Mem. I, 7, 1: ἀεὶ γὰρ ἔλεγεν, ὡς οὐκ εἴη καλλίων ὁδὸς ἐπ'
εὐδοξίαν, ἢ δι' ἧς ἄν τις ἀγαθὸς τοῦτο γένοιτο, ὃ καὶ δοκεῖν
βούλοιτο Vergl. Platon im Gorgias p. 171, 13: παντὸς μᾶλλον
ἀνδρὶ μελετητέον οὐ τὸ δοκεῖν εἶναι ἀγαθόν, ἀλλὰ τὸ εἶναι καὶ
ἰδίᾳ καὶ δημοσίᾳ.

und das verworfenste ein schlechter [124]. Das Gute aber und das Böse ist nicht etwas leibliches, sondern liegt in der *Seele* des Menschen [125]; die menschliche Seele aber ist eine der Weltseele analoge, eine denkende und erkennende [126], die als solche, an und für sich selbst auf das wahre Sein gerichtet ist [127]. Wenn die Tugend demnach etwas in der Seele ist, so muss sie eine gewisse Erkenntnis, ein Wissen sein [128]. Nimmt man der Seele die richtige Erkenntnis und gibt ihr die Macht, so heisst das nichts anderes als jegliche Sünde ausbrechen und frei laufen lassen [129]. Alle Tugenden beruhen demnach auf Erkenntnis, ja sie sind gewissermaassen Wissenschaften [130]: die Besonnenheit ist das sich selbst er-

---

[124] Platon im Menon p. 263, 18: πάντων ἱερώτατόν ἐστιν ἄνθρωπος ὁ ἀγαθός, καὶ μιαρώτατον ὁ πονηρός.

[125] Platons Gorgias p. 69, 14 f. p. 71, 22 ff.

[126] S. oben Anm. 110.

[127] Platons Theaetetus p. 267, 16 f. p. 270, 12: ἡ ψυχὴ αὐτὴ καθ᾽ αὑτὴν πραγματεύεται περὶ τὰ ὄντα. Alcibiades I p. 368, 4: οὐκ ἔχομεν εἰπεῖν ὅ τι ἐστὶ τῆς ψυχῆς θειότερον ἢ τοῦτο περὶ ὃ τὸ εἰδέναι τε καὶ φρονεῖν ἐστίν.

[128] Platons Menon p. 365, 12: εἰ ἄρα ἀρετὴ τῶν ἐν τῇ ψυχῇ τί ἐστι, φρόνησις αὐτὸ δεῖ εἶναι.

[129] Platon Alcib. I p. 372, 2 ff. und Maximus Tyrius 26, 7: ὅταν γὰρ ψυχῆς ἀφέλῃς μὲν τὸ εἰδέναι, παράσχῃς δὲ τὸ δύνασθαι, δίδως τοῖς ἁμαρτήμασιν ἐπιρροὴν καὶ ἐξουσίαν καὶ δρόμον.

[130] Platons Menon p. 363, 2: ἐπιστήμη τις ἡ ἀρετή. p. 365, 13: τὴν ἀρετὴν φρόνησιν εἶναι. p. 383, 9: ὅτι φρόνησις μόνον ἡγεῖται τοῦ ὀρθῶς πράττειν. Protagoras p. 246. 247: ὡς πάντα χρήματα ἐστὶν ἐπιστήμη, καὶ ἡ δικαιοσύνη καὶ ἡ σωφροσύνη καὶ ἡ ἀνδρία. Phaedon p. 27, 11: τῷ ὄντι καὶ ἀνδρεία καὶ σωφροσύνη καὶ δικαιοσύνη καὶ ξυλλήβδην ἀληθὴς ἀρετὴ μετὰ φρονήσεως ἐστίν. Und Aristoteles wiederholt diesen Satz des Sokrates so oft, dass man darin mit Brandis wol die Worte des Sokrates

kennen [131]; die Frömmigkeit ist die richtige Erkenntnis wie man zu den Göttern beten und ihnen opfern soll [132]; die Tapferkeit ist die Wissenschaft dessen was zu fürchten und nicht zu fürchten ist [133]: wer die wahre Beschaffenheit einer Gefahr und die Mittel ihr zu begegnen kennt, ist gewiss stärker ihr gegenüber, als wer beide nicht kennt [134]. Die sehr Guten sind auch sehr vernünftig, die sehr Schlechten auch sehr unvernünftig [135]. Die Tugend aber, weil sie auf der rechten Erkenntnis beruht, ist ebendarum nur *eine* für *alle*: es gibt nicht eine besondere Tugend des Mannes und eine andere des Weibes, eine des Jünglings und eine des Greises, sondern nur *eine für alle*, die richtige Erkenntnis [136]; die nur nach den Gegenständen auf

---

vermuthen darf: Eth. Nic. III, 11 p. 1116, B, 5: ἐπιστήμην εἶναι τὴν ἀνδρείαν. VI, 13 p. 1144, B, 19: φρονήσεις εἶναι πάσας τὰς ἀρετάς. Magna Mor. I, 1 p. 1182, A, 16: τὰς ἀρετὰς ἐπιστήμας ἐποίει. Eth. Eud. I, 5 p. 1216, B, 6: ἐπιστήμας εἶναι πάσας τὰς ἀρετάς. III, 1 p. 1230, A, 7: ἐπιστήμην εἶναι τὴν ἀνδρίαν.

[131] Platons Alcib. I p. 368, 11: τὸ δὲ γιγνώσκειν αὐτὸν ὁμολογοῦμεν σωφροσύνην εἶναι.

[132] Platons Euthyphron p. 380, 12: ἐπιστήμη ἄρα αἰτήσεως καὶ δόσεως θεοῖς ἡ ὁσιότης.

[133] Platons Laches p. 284, 20. 285, 11 f. 289, 1: σοφίαν τινὰ τὴν ἀνδρείαν εἶναι, τὴν τῶν δεινῶν καὶ θαρραλέων ἐπιστήμην, und im Protagoras p. 245, 20: ἡ σοφία ἄρα τῶν δεινῶν καὶ μὴ δεινῶν ἀνδρία ἐστίν.

[134] Xenophon Mem. III, 9, 2. Conviv. 2, 13.

[135] Platons Cratylus p. 9, 3: τοὺς μὲν πάνυ χρηστοὺς πάνυ φρονίμους, τοὺς δὲ πάνυ πονηροὺς πάνυ ἄφρονας.

[136] Platons Menon p. 331, 12: ἡ αὐτὴ ἀρετὴ πάντων ἐστίν. Aristoteles Pol. I, 5, 8 p. 1260, A, 21: ἡ αὐτὴ σωφροσύνη γυναικὸς καὶ ἀνδρός κτλ.

welche sie gerichtet ist, eine verschiedene Form an-
nimmt und als eine besondere *erscheint:* wie das Licht
sich verschieden bricht je nach den Dingen auf die
es fällt. Nur dann auch, wenn die Tugend ein Wissen ist, ist sie lehrbar; denn gelehrt kann nichts werden als die Erkenntnis [137]. Es ist aber Thatsache dass
alle menschlichen Tugenden sich durch Unterricht
und Übung ausbilden und vermehren lassen [138]. Endlich da die Erkenntniskraft des Menschen die höchste
seiner Seele ist, so gibt es keine stärkere Macht in
ihm als die rechte Erkenntnis; Weisheit und Wissenschaft sind das beste und stärkste unter allen menschlichen Dingen [139]; alles schlechte Handeln aber beruht auf Mangel an richtiger Einsicht [140]: denn keiner
ist freiwillig, mit Wissen und Willen d. h. gegen sein

---

[137] Platons Menon p. 362. 363: οὐδὲν ἄλλο διδάσκεται ἄνθρωπος ἢ
ἐπιστήμην. εἰ δέ γ᾽ ἐστὶν ἐπιστήμη τις ἡ ἀρετή, δῆλον ὅτι διδακτὸν
ἂν εἴη. Vergl. Protagoras p. 247, 1 ff. Euthydemus p. 400, 4 ff.

[138] Xenophon Mem. I, 2, 23: πάντα ἔμοιγε δοκεῖ τὰ καλὰ καὶ τὰ
ἀγαθὰ ἀσκητὰ εἶναι, οὐχ ἥκιστα δὲ σωφροσύνη. II, 6, 39:
ὅσαι δ᾽ ἐν ἀνθρώποις ἀρεταὶ λέγονται, σκοπούμενος εὑρήσεις
πάσας μαθήσει τε καὶ μελέτῃ αὐξανομένας.

[139] Platons Protagoras p. 230, 13: σοφίαν καὶ ἐπιστήμην πάντων
κράτιστον εἶναι τῶν ἀνθρωπείων πραγμάτων. p. 289, 12:
ἐπιστήμης μηδὲν εἶναι κρεῖττον. Xenophon Mem. IV, 5, 6:
σοφίαν δὲ τὸ μέγιστον ἀγαθόν. Aristoteles Eth. Nic. VII, 3
p. 1145, B, 23 ff. und Eth. Eud. VII, 13, p. 1246, B, 34: ὅτι
οὐδὲν ἰσχυρότερον φρονήσεως.

[140] Platons Laches p. 284, 11: ὅτι ταῦτα ἀγαθὸς ἕκαστος ἡμῶν,
ἅπερ σοφός, ἃ δὲ ἀμαθής, ταῦτα δὲ κακός. Protagoras p. 216,
19: αὕτη γὰρ μόνη ἐστὶ κακὴ πρᾶξις, ἐπιστήμης στερηθῆναι.
Hippias II p. 218, 20: πολὺ γάρ τοι μεῖζόν με ἀγαθὸν ἐργάσει
ἀμαθίας παύσας τὴν ψυχὴν ἢ νόσου τὸ σῶμα. Xenophon Mem.
IV, 6, 7: ὃ ἄρα ἐπίσταται ἕκαστος, τοῦτο καὶ σοφός ἐστιν.

besseres Wissen böse und schlecht, sondern nur un-
freiwillig thut er das Böse und Schlechte [141]. Denn
entsezlich wäre es ja, wenn einer das rechte Wissen
hätte, und wenn dennoch etwas anderes stärker in
ihm wäre, und er sich wie ein Sklave fortreissen und
beherschen liesse von der Thorheit [142].

---

[141] Platons Hippias I p. 442, 10: κακὰ δέ γε πολὺ πλείω ποιοῦσιν
ἢ ἀγαθὰ πάντες ἄνθρωποι, ἀρξάμενοι ἐκ παίδων, καὶ ἐξαμαρ-
τάνουσιν ἄκοντες. Protagoras p. 217, 19: ἐγὼ γὰρ σχεδόν τι
οἶμαι τοῦτο, ὅτι οὐδεὶς τῶν σοφῶν ἀνδρῶν ἡγεῖται οὐδένα
ἀνθρώπων ἑκόντα ἐξαμαρτάνειν οὐδὲ αἰσχρά τε καὶ κακὰ ἑκόντα
ἐργάζεσθαι, ἀλλ' εὖ ἴσασιν ὅτι πάντες οἱ τὰ αἰσχρὰ καὶ κακὰ
ποιοῦντες ἄκοντες ποιοῦσιν. Sophista p. 151, 11: ἀλλὰ μὴν
ψυχήν γε ἴσμεν ἄκουσαν πᾶσαν πᾶν ἀγνοοῦσαν. De rep. IX
p. 460, 4: οὐ γὰρ ἑκὼν ἁμαρτάνει. Timaeus p. 130, 16:
κακὸς μὲν γὰρ ἑκὼν οὐδείς. De legg. V p. 380, 1: ὅτι πᾶς
ὁ ἄδικος οὐχ ἑκὼν ἄδικος. τῶν γὰρ μεγίστων κακῶν οὐδεὶς
οὐδαμοῦ οὐδὲν ἑκὼν κέκτητο ἄν ποτε. IX p. 133, 2: ὡς οἱ κακοὶ
πάντες εἰς πάντα εἰσὶν ἄκοντες κακοί und Zeile 10: ξύμφημι
ἄκοντες ἀδικεῖν πάντας. Ebenso in der Apologie p. 107, 8 f.
und in dem Dialogus De justo p. 519, 13 nach dem bekannten
Dichterspruche: οὐδεὶς ἑκὼν πονηρὸς οὐδ' ἄκων μάκαρ — und
Aristoteles Eth. Nic. III, 7 p. 1113, B, 14 und Magna Mor. I, 9
p. 1186, A, 11: ὡς εἰ φαῦλοί τινές εἰσιν, οὐκ ἂν ἑκόντες εἴησαν
φαῦλοι. Vergl. den Paulinischen Satz Rom. 7, 19: οὐ γὰρ ὃ
θέλω ποιῶ ἀγαθόν, ἀλλ' ὃ οὐ θέλω κακόν, τοῦτο πράσσω.

[142] Aristoteles Eth. Nic. VII, 3 p. 1145, B, 21: δεινὸν γὰρ ἐπιστήμης
ἐνούσης, ὡς ᾤετο Σωκράτης, ἄλλο τι κρατεῖν καὶ περιέλκειν
αὐτὸν ὥσπερ ἀνδράποδον. Aristoteles selbst meint (vergl. auch
VI, 13 p. 1144, B, 17 ff.): man könne dem Sokrates allerdings
darin Recht geben, dass es nichts Stärkeres im Menschen gebe
als die rechte Erkenntnis; aber, wenn auch die Tugend davon
unzertrennlich sei, so sei sie doch nicht identisch mit ihr; denn
es komme nur allzuhäufig vor, dass einer wider besseres Wissen
handle: wo dann im Momente der Leidenschaft die bessere Erkenntnis getrübt und wie todt im Menschen sei.

Man sieht, wie gesagt, seine ganze Ethik hatte
es auf die sittliche Besserung der Menschen, auf die
Reinigung und Stärkung ihrer Seele abgesehen. Wol
kannte er den thatsächlichen Widerspruch zwischen
dem Wissen und Wollen in uns; aber er wollte, wie
er an sich selbst es vollzogen hatte, den Willen ganz
der Erkenntnis unterthan machen, und also durch
Einigung des vernünftigen Denkens und des sittlichen
Wollens, die ursprüngliche Harmonie ihrer Seelen-
kräfte den Menschen wiedergewinnen helfen. Denn
sich selbst zu besiegen, sei unter allen Siegen der
erste und beste; von sich selbst besiegt zu werden,
der schimpflichste und schlimmste [143]. Doch wie sehr
auch hienach die Idee des Wissens seine Tugendlehre
zu beherschen schien [144]: keinem lag jeder unlautere
Wissensdünkel ferner als ihm; denn keiner war in
sich selbst tiefer hinabgestiegen, und hatte als lezte
Frucht alles Forschens die menschliche Unwissenheit
und Schwäche klarer erkannt als er. Denen die sich
auf ihr Wissen etwas einbildeten, zeigte er dass sie
nichts wissen. *Weise in Wahrheit ist,* so wiederholte
er stets, *nur Gott;* unter den Menschen aber ist jener
der weiseste, der weiss dass er nichts wisse [145]: ganz

---

[143] Platon Alcib. I, p. 441, 8: ἐλεύθερος καὶ ὄντως βασιλεύς, ἄρχων
πρῶτον τῶν ἐν αὑτῷ, ἀλλὰ μὴ δουλεύων. De legg. I p. 183, 17:
τὸ νικᾶν αὐτὸν αὑτὸν πασῶν νικῶν πρώτη τε καὶ ἀρίστη, τὸ
δὲ ἡττᾶσθαι αὐτὸν ὑφ᾽ ἑαυτοῦ πάντων αἴσχιστόν τε ἅμα καὶ
κάκιστον, und Stobaeus Eclog. II p. 356 (p. 658 G.): μεγίστην
μὲν ἀρχὴν εἶναι τὴν βασιλείαν, ἀρίστην δὲ τὸ ἑαυτοῦ ἄρχειν.

[144] Vergl. F. Schleiermachers Philosophische Schriften II p. 300.

[145] Platons Phaedrus p. 104, 20: τὸ μὲν σοφὸν καλεῖν ἔμοιγε μέγα
εἶναι δοκεῖ καὶ θεῷ μόνῳ (vergl. Paulus ad Timoth. I, 1, 17)

so wie ein halbes Jahrtausend nach ihm der Heiden-
apostel Paulus seine hellenischen Freunde ermahnt
hat: „keiner betrüge sich selbst; wenn aber einer sich
dünket weise zu sein, der werde ein Narr in dieser
Welt, damit er weise werden möge" [146].

Auch was er über die Güter des Lebens lehrte,
war damit übereinstimmend. Die herschende Meinung
und das allgemeine Streben seiner Zeitgenossen ging
dahin, Geld zu erwerben: vor allem ermahnten die
Väter ihre Söhne sobald sie das Alter des denkens
erreicht hatten, dahin zu trachten wie sie reich würden; denn wenn du etwas hast, bist du etwas werth,
wenn du aber nichts hast, bist du nichts werth [147].
Dem gegenüber lehrte Sokrates, dass alle sogenannten
Güter des Lebens, Gesundheit Schönheit Reichthum

πρέπειν· τὸ δὲ ἢ φιλόσοφον ἢ τοιοῦτόν τι μᾶλλόν τε ἂν αὐτῷ
ἁρμόττοι καὶ ἐμμελεστέρως ἔχοι. Vergl. Symposion p. 428 f.
Apol. p. 101, 15: οὗτος σοφώτατός ἐστιν, ὅστις ὥσπερ Σωκράτης ἔγνωκεν ὅτι οὐδενός ἄξιός ἐστι τῇ ἀληθείᾳ πρὸς σοφίαν.
Vergl. Sophista p. 158, 16. Diogenes L. II, 32: εἰδέναι μὲν
μηδὲν πλὴν αὐτὸ τοῦτο. Cicero Acad. I, 4, 16: nihil se scire
dixit nisi id ipsum. Theodoretus De Graec. aff. 1, 85 führt als
Sokratischen Satz an: ἀρχὴ ἄρα γνώσεως τῆς ἀγνοίας ἡ γνῶσις,
der Anfang der rechten Erkenntnis sei, seines Nichtwissens sich
bewusst zu sein; wie Epikurus zu sagen pflegte: initium est sa-
lutis notitia peccati: Seneca Epist. 28, 9.

[146] Paulus ad Corinth. I, 3, 18: μηδεὶς ἑαυτὸν ἐξαπατάτω· εἰ δέ
τις δοκεῖ σοφὸς εἶναι ἐν ὑμῖν, ἐν τῷ αἰῶνι τούτῳ μωρὸς γενέσ-
θω, ἵνα γένηται σοφός. Galat. 6, 3: εἰ γὰρ δοκεῖ τις εἶναί τι,
μηδὲν ὤν, ἑαυτὸν φρεναπατᾷ Vergl. Hamann II p. 37 f.

[147] Eryxias p. 550, 24: οἱ γοῦν πατέρες τουτὶ πρῶτον τοῖς σφετέ-
ροις υἱέσι παραινοῦσιν, ἐπειδὰν εἰς τὴν ἡλικίαν τάχιστα ἀφί-
κωνται τοῦ ἤδη φρονεῖν, ὡς δοκοῦσι σκοπεῖν ὁπόθεν πλούσιοι
ἔσονται, ὡς, ἂν μέν τι ἔχῃς, ἄξιός του εἶ, ἐὰν δὲ μὴ, οὐδενός.

Macht, an und für sich weder gut noch böse seien;
sondern dieses erst würden jenachdem man sie recht
oder schlecht gebrauche: der richtige Gebrauch aber,
τὸ ὀρϑῶς χρῆσϑαι, hänge von dem rechten Wissen,
von der rechten Einsicht und Weisheit ab, wie der
falsche von Mangel an richtiger Einsicht; so dass also
in Wahrheit nur die Weisheit das Gute, und die Unwissenheit das Übel sei (ἡ μὲν σοφία ἀγαϑόν, ἡ δὲ
ἀμαϑία κακόν), und dass demnach auch diese beiden
allein den Menschen sowol glücklich als unglücklich
zu machen im Stande seien [148]. Der Reichthum namentlich sei *nur* nach dem Gebrauche zu messen;
denn nicht der übermässige Besitz sei Reichthum, sondern der rechte Gebrauch dessen was einer bedürfe [149].
Er für sich, mit der ihm eigenen Ironie, lobte die
Armuth sich als eine gar anmuthreiche: die sei am
wenigsten dem Neide ausgesezt, am wenigsten dem
Streite, sie bleibe einem auch wenn man sie nicht be-
wache, und je mehr man sie vernachlässige, um so
stärker werde sie [150]. Der Armuth aber zunächst pries

---

[148] Sokrates in Platons Euthydemus p. 410 414.

[149] Sokrates bei Xenophon in Stobaei Flor. 5, 79: πλοῦτον μετρεῖν
χρήσει. οὐ γὰρ εἶναι τὴν ὑπέρμετρον κτῆσιν πλοῦτον· τὸ δὲ
ὅσοις προσήκει χρῆσϑαι, ἔπειτα δὲ τούτων μὴ διαμαρτάνειν κτλ.
Demgemäss auch Xenophon selbst im Hieron 4, 8: οὐ γὰρ τῷ
ἀριϑμῷ οὔτε τὰ πολλὰ κρίνεται, οὔτε τὰ ἱκανά, ἀλλὰ πρὸς τὰς
χρήσεις. Dieselbe Lehre findet sich, wie Welcker kl. Schr. II
p. 492 bemerkt, schon von Prodikos ausgesprochen im Eryxias
p. 552, 22: τὸ πλουτεῖν τοῖς μὲν καλοῖς κἀγαϑοῖς τῶν ἀνϑρώ-
πων ἀγαϑόν, τοῖς δὲ μοχϑηροῖς κακόν κτλ.

[150] Sokrates bei Xenophon im Conviv. 3, 9: ἡ πενία, νὴ Δί', εὐχά-
ριστον πρᾶγμα. τοῦτο γὰρ δὴ ἥκιστα μὲν ἐπίφϑονον, ἥκιστα δὲ

4

er echt hellenisch drei Güter als die schönsten: Seelenreichthum [151], Musse die Schwester der Freiheit [152], und Freundschaft: ein wahrer Freund, freie Musse, und eigener Seelenreichthum seien die besten Güter des Lebens [153].

Was *uns* am meisten anstössig ist in der Sittenlehre des Sokrates, ist dass er seinen Schülern den Umgang mit *Hetaeren* nicht *unbedingt* verboten, sondern unter Umständen gestattet, ja sogar gerathen hat. Wir lesen nemlich bei Xenophon wörtlich folgendes: „was die Knabenliebe betrifft, so rieth er auf das nachdrücklichste sich aller Schönen zu enthalten;

περιμάχητον, καὶ ἀφύλακτον ὂν σώζεται, καὶ ἀμελούμενον ἰσχυρότερον γίγνεται.

[151] Hierher erlaube ich mir das schöne Epigramm in der Anthologia Pal. X, 41 zu ziehen: πλοῦτος ὁ τῆς ψυχῆς, πλοῦτος μόνον ἐστὶν ἀληθής· τἄλλα δ' ἔχει λύπην πλείονα τῶν κτεάνων.

[152] Diogenes L. II, 81: ἐπῄνει σχολὴν ὡς κάλλιστον κτημάτων. Aelianus Var. X, 14: ἔλεγεν ὅτι ἡ ἀργία ἀδελφὴ τῆς ἐλευθερίας ἐστίν. Vergl. Cicero De orat. II, 6, 24: mihi liber esse non videtur, qui non aliquando nihil agit. Auch Aristoteles bemerkt: die Glückseligkeit scheine in der Musse zu bestehen, denn geschäftig seien wir ja um müssig sein zu können, wie wir Krieg führen um Frieden zu haben, Eth. Nic. X, 7 p. 1177, B, 4: δοκεῖ ἡ εὐδαιμονία ἐν τῇ σχολῇ εἶναι κτλ. und X, 8 p. 1178, B, 7 dass die vollkommene Glückseligkeit *intellectuelle Thätigkeit* sei, ἡ τελεία εὐδαιμονία ὅτι θεωρητική τίς ἐστιν ἐνέργεια.

[153] Sokrates bei Xenophon Mem. II, 4, 1: ὡς πάντων κτημάτων κράτιστον ἂν εἴη φίλος σαφὴς καὶ ἀγαθός, und ein morgenländischer Schriftsteller bei Peiper, Stimmen aus dem Morgenlande p. 56: auch der weise Sokrates behauptete, dass wer alle Herlichkeiten der Welt besitze, aber der Freundschaft beraubt sei, der besässe nichts; der Edelstein der Freundschaft sei unter dem köstlichsten dieser Welt das köstlichste.

denn mit solchen sich einzulassen und bei Verstand
zu bleiben sei nicht leicht, man werde da aus einem
Freien ein Sklave, und gerathe in alle Tollheiten,
mehr noch als die von einer Giftspinne Gebissenen"[154].
Dann fährt er fort: „wer aber gegen die ungeordnete
Geschlechtsliebe nicht fest sei, solle sich zu ihrer Be-
friedigung solche Personen wählen, welche ohne ein
starkes Bedürfnis des *Leibes* die *Seele nicht* annehmen
würde, und bei denen man im Falle des Bedürfnis-
ses keine Schwierigkeiten finde"[155], also öffentliche
Mädchen. Diesem Rathe gemäss bekennt dann auch
sein Schüler Antisthenes mit kynischer Aufrichtigkeit
von sich selbst: wenn mein Leib einmal das Bedürfnis hat den Geschlechtstrieb zu befriedigen, so ge-
nügt mir die erste beste, die mich dann auch mit
Freuden aufnimmt weil sonst niemand sich an sie
macht[156]. Und derselben Maxime gemäss gibt auch
der Stoiker Epiktetus in seinem goldenen Handbüch-
lein den Rath: „in Bezug auf die Aphrodisien halte
dich vor der Ehe nach Kräften rein (schon darum
damit du als Bräutigam ebenso rein in die Ehe ein-
trittst, wie du dieses von deiner Braut verlangst); wirst

---

[154] Xenophon Mem. I, 3, 8: ἀφροδισίων δὲ (sc. περὶ), παρῄνει τῶν
καλῶν ἰσχυρῶς ἀπέχεσθαι· οὐ γὰρ ἔφη ῥᾴδιον εἶναι τῶν τοιού-
των ἁπτόμενον σωφρονεῖν κτλ.

[155] Mem. I, 3, 14: τοὺς μὴ ἀσφαλῶς ἔχοντας πρὸς ἀφροδίσια ᾤετο
χρῆναι πρὸς τοιαῦτα, οἷα μὴ πάνυ μὲν δεομένου τοῦ σώματος,
οὐκ ἂν προσδέξαιτο ἡ ψυχή.

[156] Xenophon Conviv. 4, 38: ἢν δέ ποτε καὶ ἀφροδισιάσαι τὸ σῶμά
μου δεηθῇ, οὕτω μοι τὸ παρὸν ἀρκεῖ ὥστε αἷς ἂν προσέλθω,
ὑπερασπάζονταί με, διὰ τὸ μηδένα ἄλλον αὐταῖς ἐθέλειν προς-
ιέναι.

4*

du aber hingerissen zu wilder Geschlechtsliebe, so nimm dir nur was *gesezlich* nicht verboten ist. Sei jedoch nicht gehässig gegen die weniger Enthaltsamen und rühme dich nicht allzusehr deiner Mässigkeit" [157].

Allerdings ist in diesen nichtevangelischen Räthen eine gewisse Nachgiebigkeit gegen die ·menschliche Schwäche und die herschenden Sitten; praktisch aber sind sie gewiss richtiger gegriffen als jener theoretische Rigorismus der praktisch nicht beobachtet wird. Es war damals gerade in Athen, vielleicht in Folge der furchtbaren Pest (wie man ja ähnliches oft beobachtet hat nach grossen Seuchen, und im Privatleben nach gewissen Krankheiten täglich beobachten kann) eine starke geschlechtliche Reizbarkeit allgemein herschend. Diese hatte sich, dem nationalen Laster des hellenischen Volksstammes gemäss, in gesteigertem Maasse auf die Knabenliebe geworfen; wie überall in den Platonischen Dialogen unzweideutig durchschimmert. In derselben Zeit nun war Griechenland überhaupt und insbesondere Athen auch mit Hetaeren überschwemmt, und es war thatsächlich dahin gekommen, dass der edlere Theil der Jugend, die Jünglinge entweder dem einen oder dem andern dieser beiden Excesse anheimfielen, der Knabenliebe oder der Hetaerenliebe. So entstand dann für den Jugendlehrer die

---

[157] Epicteti Enchiridion 33, 8: περὶ ἀφροδίσια εἰς δύναμιν πρὸ γάμου καθαρευτέον· ἁπτομένῳ δὲ ὧν νόμιμόν ἐστι μεταληπτέον. μὴ μέντοι ἐπαχθὴς γίνου τοῖς χρωμένοις, μηδὲ ἐλεγκτικός, μηδὲ πολλαχοῦ τὸ ὅτι αὐτὸς οὐ χρῇ παράφερε. Die eingeschaltete Stelle ist aus dem Commentar des Simplicius p. 117, 38: ἵνα τὴν τῆς παρθενίας πίστιν, ἣν ὁ ἀνὴρ παρὰ τῆς γυναικὸς ἀπαιτεῖ, καὶ ἡ γυνὴ παρὰ τοῦ ἀνδρὸς ἀντιλαμβάνη.

Frage, was hier praktisch zu thun sei? denn dass in solchen Fällen die blosse Theorie nicht ausreiche, ist eine unleugbare Thatsache. Und da entschied er sich und zwar mit Recht für das geringere dieser Übel, für dasjenige welches das natürliche und das verhältnismässig weniger zerstörende ist. Wer sich rein fühlt werfe einen Stein auf ihn. Gewiss die christliche Ethik hat auch diese Sache tiefer aufgefasst; aber das *Leben* der christlichen Völker, ist auch dieses besser?

Es ist jezt noch *ein* Theil der Lehre des Sokrates übrig zu schildern, jener welcher am tiefsten in das öffentliche Leben seiner Vaterstadt eingeschnitten, und ihm selbst das Leben gekostet hat: seine Polemik gegen die Athenische Staatsverfassung, und seine ganze Stellung ihr gegenüber.

Die Athener nemlich hatten unmittelbar nach den Perserkriegen, im Vollgefühl ihrer Thaten, die demokratischen Elemente ihrer Verfassung vollständig zu entwickeln versucht: alle aristokratischen Bestandtheile wurden entfernt, und die demokratischen Principien bis in die lezten Consequenzen ausgebildet. Alle Staatsbürger sagte man seien zu jeglichem Staatsamte gleich befähigt und eben darum auch gleich berechtigt; so dass man, um jede Parteilichkeit auszuschliessen, die Stellen durchs Loos vertheilen könne. Die Volksversammlung war demnach der Mittelpunkt des öffentlichen Lebens, und in ihr wurden alle Staatsangelegenheiten besprochen, in ihr auch alle Staatsbeamten, wenige ausgenommen, mittelst Abstimmung durch Bohnen gewählt oder erloost.

Diese Einrichtungen aber und die öffentlichen Zu-

stände die daraus hervorgingen, erschienen dem Sokrates völlig verkehrt und unheilvoll, und er erlaubte
sich über sie und die Männer welche sie repraesen-
tirten, eine allerdings schonungslose Kritik. Sokrates,
heisst es, hatte kein Gefallen an der Athenischen
Staatsverfassung, denn die dortige Demokratie erschien
ihm als eine monarchische Willkürherschaft [158]. Die
Athener, sagte er, wenn es sich um einen städtischen
Bau handelt, fragen vor allem die Bauverständigen,
und überlassen diesen die Sache; wenn aber um Staatsangelegenheiten, dann steht jeder auf und will mit-
reden, Vornehme und Geringe einer wie der andere,
und keinem fällt ein dieses zu tadeln [159]: während es
doch ganz albern ist zu glauben, dass die grösste aller
Künste, die einen Staat zu regieren, dem Menschen
von selbst zufalle [160]. Ein Handwerk und jede andere
Kunst muss gelernt werden; nur die Staatskunst soll
jeder ausüben der gesunden Menschenverstand hat!
Die Volksversammlung, bemerkt er weiter, besteht ja
grossentheils aus Walkern, Schustern, Zimmerleuten,
Schmieden, Bauern, Kaufleuten und Krämern: deren
natürliches Dichten und Trachten nur darauf geht,
wolfeil zu kaufen und theuer zu verkaufen [161]: und

---

[158] Aelianus Var. III, 17: Σωκράτης τῇ μὲν Ἀθηναίων πολιτείᾳ οὐκ
ἠρέσκετο, τυραννικὴν γὰρ καὶ μοναρχικὴν ἑώρα τὴν δημοκρατίαν
οὖσαν.

[159] Sokrates in Platons Protagoras p. 168. 169. und dieselbe Polemik
im Politicus p. 335 f. und De Rep. VI p. 281 f.

[160] Xenophon Mem. IV, 2, 2: εὔηθες εἶναι τὸ οἴεσθαι, τὸ προεστά-
ναι πόλεως, πάντων ἔργων μέγιστον ὄν, ἀπὸ ταὐτομάτου παρα-
γίγνεσθαι τοῖς ἀνθρώποις.

[161] Mem. III, 7, 6.

die sollen Staatsmänner sein? Ebenso spottete er über die Thorheit, Staatsämter durch Bohnenstimmen zu besetzen[162]: das ist sagte er so, als ob man die Wettkämpfer oder die Steuermänner, statt sie aus denen zu wählen welche die Sache verstehen, aufs geradewol erloosen wollte[163]. Nach der Einsicht, nicht nach der Menge muss beurtheilt werden, was richtig beurtheilt werden soll[164]. Ja einer seiner Schüler erlaubte sich den bitteren Hohn, den Athenern zu rathen, sie sollten ihre Esel zu Pferden ernennen; was ja ebenso leicht sei, als den ersten besten zum Feldherrn zu machen[165]. Aber nicht nur die Sachen, auch die Personen traf sein Tadel. Der erste Mann des Staates, Perikles, sagte er, habe durch seine Äckerverloosungen, Schauspielgelder und richterliche Diaeten, die er eingeführt hatte, die Athener zu Söldlingen erniedrigt, und aus einem arbeitsamen Volke zu faulen feigen geschwäzigen geldgierigen und genusssüchtigen Menschen gemacht[166].

---

[162] Mem. I, 2, 9: τοὺς τῆς πόλεως ἄρχοντας ἀπὸ κυάμου καθιστάναι.

[163] Aristoteles Rhet. II, 20 p. 1393, B, 4 ff.

[164] Sokrates in Platons Laches p. 263, 13: ἐπιστήμη γάρ, οἶμαι, δεῖ κρίνεσθαι ἀλλ' οὐ πλήθει τὸ μέλλον καλῶς κριθήσεσθαι.

[165] Antisthenes bei Diogenes L. VI, 8: συνεβούλευεν Ἀθηναίοις τοὺς ὄνους ἵππους ψηφίσασθαι· ἄλογον δὲ ἡγουμένων, ἀλλὰ μὴν καὶ στρατηγοί, φησί, φαίνονται παρ' ὑμῖν μηδὲν μαθόντες, μόνον δὲ χειροτονηθέντες. Vergl. den Sokrates selbst in Platons Phaedrus p. 67, 14 ff.

[166] Sokrates in Platons Gorgias p. 148. 149: Περικλέα πεποιηκέναι Ἀθηναίους ἀργοὺς καὶ δειλοὺς καὶ λάλους καὶ φιλαργύρους, εἰς μισθοφορίαν πρῶτον καταστήσαντα. Vergl. Aristoteles Polit. II, 9, 3 und Plutarchus v. Periclis p. 156, E.

Übrigens war es nicht seine Absicht, die Jünglinge von den öffentlichen Angelegenheiten ganz und
gar abzuziehen, er lehrte vielmehr ausdrücklich: sie
sollten es *nicht* machen wie die meisten, die stets mit
anderem beschäftigt, nie daran dächten sich selbst zu
erforschen; sondern jeder solle *zuerst* sich selbst prüfen
und auf *sich* achthaben; *dann* aber auch den Staat
nicht vernachlässigen, wenn er etwas zu seiner Ver-
besserung beitragen könne [167]. Aber sich selbst nicht
zu kennen, und wo man *nicht* wisse, doch zu meinen
dass man wisse, das grenze an Wahnsinn [168]. Ich aber
glaube, so lässt Platon ihn sprechen, dass ich und
einige wenige Athener, um nicht zu sagen ich ganz
allein, mich der wahren Staatskunst befleissige, und
allein unter den heutigen Menschen die Staatssachen
recht betreibe. Da ich aber ihnen nicht zur Gunst rede
was ich rede, indem ich das beste, nicht was *sie* gern
hören spreche: so ist es natürlich dass ich werde verurtheilt werden, wie unter den Kindern ein Arzt verurtheilt würde wenn der Koch ihn verklagte [169]. Und
in der That behandelte er auch die Athener stets wie
Kinder, in immerwährender Ironie wie mit Gutmüthi-
gen spielend [170], und bezeugte seinen Richtern gegen-

---

[167] Xenophon Mem. III, 7, 9: οἱ γὰρ πολλοὶ ὡρμηκότες ἐπὶ τὸ
σκοπεῖν τὰ τῶν ἄλλων πράγματα, οὐ τρέπονται ἐπὶ τὸ ἑαυτοὺς
ἐξετάζειν. μὴ οὖν ἀποῤῥᾳθύμει τούτου, ἀλλὰ διατείνου μᾶλλον
πρὸς τὸ σαυτῷ προσέχειν· καὶ μὴ ἀμέλει τῶν τῆς πόλεως κτλ.

[168] Mem. III, 9, 6: τὸ δὲ ἀγνοεῖν ἑαυτόν, καὶ ἃ μὴ οἶδε δοξάζειν
τε καὶ οἴεσθαι γιγνώσκειν, ἐγγυτάτω μανίας ἐλογίζετο εἶναι.

[169] Platons Gorgias p. 160, 21 ff. und 161, 6: κρινοῦμαι γὰρ ὡς
ἐν παιδίοις ἰατρὸς ἂν κρίνοιτο κατηγοροῦντος ὀψοποιοῦ.

[170] Aristides II p. 518.

über geradezu, dass die ihm beiwohnende göttliche Stimme ihm ausdrücklich verbiete, mit dem Athenischen Staatswesen sich zu befassen [171]; da, wie er anderswo hinzusezt, an keinem von denen die jetzt mit den Staatsgeschäften sich abgeben, etwas gesundes sei; und dass einem gerecht und philosophisch Gesinnten, wenn er unter diese Demokraten gerathe, zu Muthe sei wie einem der unter die wilden Thiere gefallen, ὥσπερ εἰς θηρία ἄνθρωπος ἐμπεσών [172]. Der wahre Philosoph kümmere sich darum von Jugend auf weder um den Markt, noch um das Gerichtshaus, noch wo der Rath seine Versammlungen, noch wo irgend eine andere Staatsgewalt ihre Sitzungen halte; Geseze und Volksbeschlüsse sehe und höre er nicht, nur sein Leib wohne im Staate, seine Seele anderswo, die Menschen und die Natur und das Weltall erforschend [173].

Und mit derselben Offenheit pflegte er auch die übrigen guten und nichtguten Eigenschaften seiner Volksgenossen und Mitbürger zu besprechen, überall nach Klarheit des Urtheils strebend, für sich wie für seine Freunde. „Sorgfältige Bildung und Weisheit, sprach er, das allein ist der Rede werth bei den Hellenen" [174]; und ebenso hob er an den Athenern

---

[171] Platon Apol. p. 119, 18: τοῦτο (τὸ δαιμόνιον) ἔστιν ὅ μοι ἐναντιοῦται τὰ πολιτικὰ πράττειν.

[172] Platon De Rep. VI p. 297, 1 ff. — [173] Platon im Theaetetus p. 242.

[174] Platon im Alcib. 1 p. 344, 7: ἐπιμέλεια καὶ σοφία, ταῦτα μόνα ἄξια λόγου ἐν Ἕλλησιν, und ebenso von Athen insbesondere Apol. p. 115, 16: πόλεως τῆς μεγίστης καὶ εὐδοκιμωτάτης εἰς σοφίαν καὶ ἰσχύν.

rühmend hervor, dass bei ihnen mehr als irgendwo
sonst in Hellas Redefreiheit hersche[175], dass sie mehr
als alle anderen ehrliebend und wolwollend ($\varphi\iota\lambda o\tau\iota$-
$\mu\acute{o}\tau\alpha\tau o\acute{\iota}$ $\gamma\varepsilon$ $\varkappa\alpha\grave{\iota}$ $\varphi\iota\lambda o\varphi\varrho o\nu\acute{\varepsilon}\sigma\tau\alpha\tau o\iota$ $\pi\acute{\alpha}\nu\tau\omega\nu$), und durch
die grossen Thaten ihrer Vorfahren erhoben und zur
Tapferkeit begeistert worden seien[176]. Aber, so wird
anderswo bemerkt, „schön von Gesicht ist des gross-
herzigen Erechtheus Volk, doch ausgezogen muss man
es sehen"[177]; denn er wusste sehr gut „dass in dieser
Stadt einem jeden jedes begegnen könne[178], und dass,
wenn auch anderswo es leichter sei einem böses zu-
zufügen als gutes, dies hier in Athen vorzüglich leicht
sei"[179]. Verglich doch auch Isokrates, sonst der Lob-
redner Athens, die damalige Stadt mit einer schönen
Hetaere, deren Reitze einen wol fesseln könnten, die
aber keiner heirathen möge. Zum vorübergehenden
Aufenthalte sei die Stadt unter allen die anmuth-
reichste, zum bleibenden Aufenthalt aber biete sie zu
wenig Sicherheit dar[180]. Den Athenischen Demos als
einen gerechten zu preisen, ist ganz albern; er war
allerdings gebildeter und feinfühliger als anderswo;

---

[175] Platon im Gorgias p. 33. 34: $o\tilde{\upsilon}$ $\tau\tilde{\eta}\varsigma$ $`E\lambda\lambda\acute{\alpha}\delta o\varsigma$ $\pi\lambda\varepsilon\acute{\iota}\sigma\tau\eta$ $\dot{\varepsilon}\sigma\tau\grave{\iota}\nu$
$\dot{\varepsilon}\xi o\upsilon\sigma\acute{\iota}\alpha$ $\tau o\tilde{\upsilon}$ $\lambda\acute{\varepsilon}\gamma\varepsilon\iota\nu$.

[176] Xenophon Mem. III, 5, 3.

[177] Platon im Alcib. I p. 365, 5: $\varepsilon\dot{\upsilon}\pi\varrho\acute{o}\varsigma\omega\pi o\varsigma$ $\gamma\grave{\alpha}\varrho$ $\acute{o}$ $\tau o\tilde{\upsilon}$ $\mu\varepsilon\gamma\alpha\lambda\acute{\eta}$-
$\tau o\varrho o\varsigma$ $\delta\tilde{\eta}\mu o\varsigma$ $`E\varrho\varepsilon\chi\vartheta\acute{\varepsilon}\omega\varsigma\cdot$ $\dot{\alpha}\lambda\lambda'$ $\dot{\alpha}\pi o\delta\acute{\upsilon}\nu\tau\alpha$ $\chi\varrho\grave{\eta}$ $\alpha\dot{\upsilon}\tau\grave{o}\nu$ $\vartheta\varepsilon\acute{\alpha}\sigma\alpha\sigma\vartheta\alpha\iota$.

[178] Platon im Gorgias p. 160, 13: $\dot{\varepsilon}\nu$ $\tau\tilde{\eta}\delta\varepsilon$ $\tau\tilde{\eta}$ $\pi\acute{o}\lambda\varepsilon\iota$ $\acute{o}\nu\tau\iota o\tilde{\upsilon}\nu$ $\ddot{\alpha}\nu$ $\ddot{o}$ $\tau\iota$
$\ddot{\alpha}\nu$ $\tau\acute{\upsilon}\chi o\iota$ $\tau o\tilde{\upsilon}\tau o$ $\pi\alpha\vartheta\varepsilon\tilde{\iota}\nu$. Vergl. Aeschines Epist. 3 in Bekkers
Oratores Attici III p. 474: $\varepsilon\ddot{\iota}$ $\tau\iota$ $\tau\tilde{\omega}\nu$ $\varepsilon\dot{\iota}\omega\vartheta\acute{o}\tau\omega\nu$ $`A\vartheta\acute{\eta}\nu\eta\sigma\iota\nu$ $\ddot{\varepsilon}\pi\alpha\vartheta\varepsilon\nu$.

[179] Platon im Menon p. 378, 5: $\acute{\omega}\varsigma\cdot$ $\ddot{\iota}\sigma\omega\varsigma$ $\mu\grave{\varepsilon}\nu$ $\varkappa\alpha\grave{\iota}$ $\dot{\varepsilon}\nu$ $\ddot{\alpha}\lambda\lambda\eta$ $\pi\acute{o}\lambda\varepsilon\iota$
$\dot{\varrho}\tilde{\eta}\acute{o}\nu$ $\dot{\varepsilon}\sigma\tau\iota$ $\varkappa\alpha\varkappa\tilde{\omega}\varsigma$ $\pi o\iota\varepsilon\tilde{\iota}\nu$ $\dot{\alpha}\nu\vartheta\varrho\acute{\omega}\pi o\upsilon\varsigma$ $\ddot{\eta}$ $\varepsilon\tilde{\upsilon}$, $\dot{\varepsilon}\nu$ $\tau\tilde{\eta}\delta\varepsilon$ $\varkappa\alpha\grave{\iota}$ $\pi\acute{\alpha}\nu\upsilon$.

[180] Aelianus Var. XII, 52.

aber die Männer die das Glück hatten unter ihm zu leben, schildern ihn gar nicht liebenswürdig. Nicht nur der Verfasser des Axiochus sagt von ihm: „der Demos ist ein undankbares, veränderliches, rohes, neidisches, ungebildetes Ding, ein zusammengelaufenes Menschengesindel gewaltthätiger Schwätzer, und wer sich ihm als Freund zugesellt ist weit der unseligste Mensch"[181]; sondern auch der Maler Parrhasius hat ihn in einem öffentlichen Gemälde ebenso dargestellt[182]. Ja selbst der Komoediendichter Aristophanes, der Feind des Sokrates, sagt von dem Demos: „wir haben einen Herrn von grobem Schrot und Korn, einen Bohnenfresser, jähzornig, das Pnyxervolk, ein schwer zubefriedigendes harthöriges altes Männlein"[183].

Trotz dem allen aber, wie sehr er auch überzeugt war, dass die öffentlichen Zustände seiner Vaterstadt heillos verdorben seien: er selbst erfüllte seine Bürgerpflichten gewissenhaft. Während des peloponnesischen Krieges machte er drei Feldzüge mit, und kämpfte in den Schlachten von Potidaea (431 — 30) wo er dem Alkibiades, bei Delium gegen die Boeo-

---

[181] Axiochus p. 512, 28: δῆμος γὰρ ἀχάριστον, ἄψίκορον, ὠμόν, βάσκανον, ἀπαίδευτον, ὡς ἂν συνηρανισμένον ἐκ συγκλύδωνος ὄχλου καὶ βιαίων φλυάρων. ὁ δὲ τούτῳ προςεταιριζόμενος ἀθλιώτερος μακρῷ.

[182] Plinius XXXV, 10, 69: pinxit demon Atheniensium argumento ingenioso. debebat namque varium, iracundum, injustum, inconstantem, eundem exorabilem, clementem, misericordem, gloriosum, excelsum, humilem, ferocem fugacemque et omnia pariter ostendere.

[183] Aristophanes in den Equites 40: νῷν γὰρ ἐστι δεσπότης ἄγροικος ὀργήν, κυαμοτρώξ, ἀκράχολος, δῆμος πυκνίτης, δύςκολον γερόντιον ὑπόκωφον.

tier (424), wo er dem Xenophon das Leben rettete,
und bei Amphipolis gegen die Lakedaemonier (420),
als der tapferste Krieger, unerschrocken im Felde,
wie dem Volke gegenüber [184]. In seinem 63. Lebensjahre ward er Mitglied des Rathes der Fünfhundert,
und hatte als solches den Eid geschworen, die Pflichten seines Amtes den Gesezen gemäss zu erfüllen.
Und hier war es, wo er der ungesezlichen Abstimmung über die Feldherrn, die nach dem Siege bei
den Arginusen (406) nicht für die Bestattung der
Todten gesorgt hatten, mannhaft sich widersezte. Als
nemlich das Volk, dem Geseze zuwider, jene neun
Männer, dieses unfreiwilligen Vergehens wegen, durch
einmalige Abstimmung zum Tode verurtheilen wollte,
weigerte er sich als Epistates, der an dem Tage den
Vorsitz hatte, die Abstimmung vorzunehmen. Zwar
zürnten ihm deshalb, sagt Xenophon, die Menge und
viele Mächtigen; ihm aber war sein Eid heiliger als
die Volksgunst [185]. Und mit derselben Unerschrocken-
heit trat er zwei Jahre später (404) als echter Repu-
blicaner [186] wie dem Volke so auch den dreisig Tyrannen gegenüber. Als diese von ihm forderten was
gegen die Geseze war, seine Vorträge an die Jugend
einzustellen (τοῖς νέοις μὴ διαλέγεσθαι), gehorchte er

---

[184] Platons Laches p. 256, 6. Charmides init. Sympos. p. 461, 15 ff.
und Apol. p. 113. Strabon IX, 2, 7. Vergl. Athenaeus V, 55.
Aelianus Var. III, 17. Diogenes L. II, 22, 23.

[185] Xenophon Mem. I, 1, 18 und IV, 4, 2. Platon Apol. p. 120,
9 ff. Epist. VII p. 429 f. und Axiochus p. 512, 15 ff. Das Ge-
schichtliche bei Xenophon Hist. Gr. I, 7, 9 und Diodorus XIII, 74.

[186] Diogenes L. II, 24: ἰσχυρογνώμων ἦν καὶ δημοκρατικός.

ihnen *nicht*; und als sie ausserdem ihm und vier anderen Bürgern befohlen hatten, den Leon von Salamis
zur Hinrichtung herüberzuholen: da leistete er allein
diesem schändlichen und ungerechten Befehl keine
Folge [187]. Wie man denn nie von ihm eine den göttlichen und menschlichen Gesezen zuwiderlaufende Handlung gesehen, nie ein derartiges Wort gehört hat [188].

Dass nun ein solcher Mann, der durch Wort und
That ununterbrochen alle Thorheiten seiner Zeit bekämpft, ihre Schäden aufgedeckt, und durch die wun-
derbare Gewalt seiner Rede, die er nur als die Kunst
der Seelenführung übte [189], die edlere Jugend an *sich*
gezogen, und in *seinem* Sinne durch Beispiel und Lehre
gebildet hat: dass der, im damaligen Athen, wo es gesezlich gestattet war, dass jeder jeden mit Nennung
des Namens auf die Bühne bringen und jegliches von
ihm sagen durfte [190]: dass der von den Wortführern

[187] Xenophon Mem. I, 2, 31. 33. IV, 4, 3 und Hist. Gr. II, 3, 39.
Platon Apol. p. 121, 8 ff. Cicero ad Atticum VIII, 2, 4: Socrates quum triginta tyranni essent, pedem porta non extulit. Seneca
Epist. 28, 8: triginta tyranni Socratem circumsteterunt nec po-
tuerunt animum eius infringere. M. Aurelius Antoninus VII, 66:
τὸν Σαλαμίνιον κελευσθεὶς ἄγειν, γεννικώτερον ἔδοξεν ἀντιβῆναι.
Vergl. Johannes Chrysost. I p. 57, D.

[188] Xenophon Mem. I, 1, 11: οὐδεὶς δὲ πώποτε Σωκράτους οὐδὲν
ἀσεβὲς οὐδὲ ἀνόσιον οὔτε πράττοντος εἶδεν, οὔτε λέγοντος
ἤκουσεν.

[189] Sokrates in Platons Phaedrus p. 69, 8: ἡ ῥητορικὴ τέχνη ψυχαγωγία τις διὰ λόγων, und p. 90, 14: λόγου δύναμις τυγχάνει
ψυχαγωγία οὖσα.

[190] Cicero De rep. IV, 10: lege concessum fuit, ut quod vellet Co-
moedia de quo vellet nominatim diceret. Augustinus De civ. dei

des öffentlichen Lebens unangefochten bleiben sollte:
das wäre ganz gegen den Lauf der menschlichen Dinge
gewesen, worin jedem der seiner Zeit widerspricht,
von ihr auch widersprochen wird. Da die ersten
Männer des Staates, die Häupter der Republik, Perikles[191], Alkibiades[192], Kleon[193], in dieser Zeit einer
zügellosen Freiheit der Rede, es sich mussten gefallen
lassen, mit Nennung ihrer Namen und Nachbildung
ihrer ganzen Gestalt, von den Komoediendichtern auf
die Bretter gebracht und der Lachlust des Publicums
preisgegeben zu werden: so war es natürlich dass die-
selben Dichter auch den Sokrates als einen der am
meisten hervorragenden öffentlichen Charaktere nicht
verschont haben. War doch seine ganze Persönlichkeit von der Art, dass keiner gleichgültig gegen sie
bleiben konnte, sondern entweder sie lieben, oder sie
hassen musste; ja schon der blosse Eindruck von der
geistigen Überlegenheit und einem gewissen damit
verknüpften Stolze des Mannes musste ihn allen unangenehm machen, die statt zu dem höheren sich
emporzuheben, diesen zu sich herabzuziehen liebten.

Allem oberflächlichen Scheinwissen Feind, *nie*
etwas behauptend was er nicht *wusste*[194], pflegte er,
wie er selbst bezeugt, im Gegensaz zu den Sophisten

IV, 28: dando eis licentiam male tractandi homines quos liberet.
Suidas v. ἐξεικασμένος p. 313, 14 ff.

[191] Meineke Fragm. Com. Gr. II p. 61. 148.

[192] Themistius Orat. VIII p. 131. Cramers Anecd. Paris. tom. I p. 7.

[193] Aristophanes in den Equites.

[194] Platon Hipp. maj. p. 447, 2. Theaet. p. 194, 21: ἀλλά μοι ψεῦ-
δός τε ξυγχωρῆσαι καὶ ἀληθὲς ἀφανίσαι οὐδαμῶς θέμις.

für seinen Unterricht niemals Geld zu nehmen[195], sondern wen er als gutgeartet und geistvoll erkannte
(ὅν ἂν γνῷ εὐφυᾶ ὄντα), den nahm er umsonst als
Schüler an und theilte ihm mit was er gutes besass[196].
Indem er aber behauptete, wer die Wissenschaft an
jeden der sie wolle um Geld verkaufe, sei ein Sophist
und wie einer der seinen Leib für Geld preisgebe[197]:
musste er ebendadurch nothwendig die Sophisten sich
zu Feinden machen. Der érste allgemeine Eindruck
ferner den seine Dialektik hervorbrachte, war der:
dass wie er selbst in Verwirrung zu sein schien, er
auch andere in Verwirrung brachte, und irre machte
an allem was ihnen bisher wahr schien[198]. Kein
Wunder darum, dass man auch ihn selbst für einen
Sophisten hielt. Ja indem er besser als jeder andere

---

[195] Xenophon Apol. §. 16: παῤ οὐδενὸς οὔτε δῶρα οὔτε μισθὸν
δέχομαι. Conviv. 1, 5. Mem. I, 2, 5 und 60: οὐδένα πώποτε
μισθὸν τῆς συνουσίας ἐπράξατο, ἀλλὰ πᾶσιν ἀφθόνως ἐπήρχει
τῶν ἑαυτοῦ, und ebenso Mem. I, 6, 3. 11. Platon Apol. p. 94,
8 f. Eutyphron p. 354, 10. Hippias maj. p. 451, 21. Sympos.
p. 461, 10: χρήμασι πολὺ μᾶλλον ἄτρωτος ἦν πανταχῇ ἢ
σιδήρῳ ὁ Αἴας. Wodurch übrigens nicht ausgeschlossen war
dass er bei seiner völligen Armuth zuweilen von seinen Freunden,
von dem ihm zugeschickten Brod und Wein, etwas angenommen
hat: Diogenes L. II, 20. 74. Quintilianus XII, 7, 9: et Socrati
collatum est ad victum, und den darauf sich beziehenden Hohn
in Aristophanis Nub. 669. 1146 ff.

[196] Xenophon Mem. I, 6, 13.

[197] Mem. I, 6, 13: τὴν σοφίαν ὡσαύτως τοὺς μὲν ἀργυρίου τῷ βου-
λομένῳ πωλοῦντας, σοφιστὰς ὥσπερ πόρνους ἀποκαλοῦσιν.

[198] Platon im Menon p. 345, 19 f. und p. 347, 2: οὐ γὰρ εὐπορῶν
αὐτὸς τοὺς ἄλλους ποιῶ ἀπορεῖν, ἀλλὰ παντὸς μᾶλλον αὐτὸς
ἀπορῶν οὕτω καὶ τοὺς ἄλλους ποιῶ ἀπορεῖν.

aus den Sachen die Gedanken zu finden verstand[199],
und dem Skiron und Antaeos vergleichbar, keinen
der ihm in den Wurf gekommen, losliess bis er ent-
kleidet ihm Rede gestanden im dialektischen Ring-
kampf[200], und dann von ihm überwunden wurde: so
erschien er jedem der nicht sein Freund als der
grösste aller Sophisten. Wie ja auch Aristoteles sagt,
in allen Reden des Sokrates sei etwas überschwäng-
liches, sehr kunstvolles, überraschend neues und tief-
forschendes; dass sie aber alle wahr seien, werde
sich schwerlich behaupten lassen[201]. Und wenn dann
endlich er selbst in seiner ironischen Sprache behauptete: dass ihm Eros, der Gott, wolwollend die
Liebeskunst verliehen habe, worin er sich stärker
fühle als alle anderen Menschen, und dass er darum
nichts als Liebessachen treibe, der Liebe nur und
der Philosophie sein Leben widme, ohne Falsch die
Jünglinge philosophisch liebe[202], ja durch Liebes-

---

[199] Diogenes L. II, 29: ἦν γὰρ ἱκανὸς ἀπὸ τῶν πραγμάτων τοὺς
λόγους εὑρίσκειν.

[200] Platon im Theaetetus p. 232, 15 ff.

[201] Aristoteles Pol. II, 3, 3 p. 1265, A, 10: τὸ μὲν οὖν περιττὸν
ἔχουσι πάντες οἱ τοῦ Σωκράτους λόγοι καὶ τὸ κομψὸν καὶ τὸ
καινοτόμον καὶ τὸ ζητητικόν, καλῶς δὲ πάντα ἴσως χαλεπόν.

[202] Sokrates in Platons Phaedrus p. 45, 6: ἀδόλως παιδεραστεῖν
μετὰ φιλοσοφίας. p. 60, 20: ὦ φίλε Ἔρως, εὐμενὴς καὶ ἵλεως
τὴν ἐρωτικήν μοι τέχνην ἔδωκας. p. 61, 8: ἵνα ἁπλῶς πρὸς
Ἔρωτα μετὰ φιλοσόφων λόγων τὸν βίον ποιῆται, und Sympos.
p. 379, 20: οὐδέν φημι ἄλλο ἐπίστασθαι ἢ τὰ Ἐρωτικά. Theages p. 274. 275: οὐδὲν ἐπιστάμενος πλήν γε σμικροῦ τινὸς μα-
θήματος, τῶν ἐρωτικῶν. τοῦτο μέντοι τὸ μάθημα παρ' ὁντινοῦν
ποιοῦμαι δεινὸς εἶναι καὶ τῶν προγεγονότων ἀνθρώπων καὶ
τῶν νῦν.

tränke und Zauberlieder sie und die Männer an sich zu ziehen verstehe [203]: dann konnte es nicht fehlen, dass gröberen und frivolen Sinnen, die seine Sprache nicht verstanden, dies alles als Jugendverführung [204], und er dazu als verrückt erschien [205]. Und bedenken wir noch zudem seine Silenengestalt, seine nicht verstandene Armuth, und dass er wirklich in früheren Jahren der Naturphilosophie ergeben war: so haben wir alle Momente um die Angriffe seiner Gegner, wie nichtswürdig sie auch waren, vollständig zu begreifen.

Schon der Komiker Eupolis, der um das Jahr 411 vor Chr. gestorben ist, griff, wie den Protagoras als einen der frech und prahlerisch rede über die Dinge des Himmels [206], ebenso auch den Sokratiker Chaerephon [207] und den Sokrates selbst als einen Sophisten an. „Auch ich, so schrie er, hasse den Sokrates, den bettelhaften Schwätzer, der über alles geklügelt hat;

---

[203] Xenophon Mem. III, 11, 17: ὅτι ταῦτα οὐκ ἄνευ πολλῶν φίλτρων τε καὶ ἐπῳδῶν καὶ ἰύγγων ἐστίν. Aelianus Var. II, 30: ἡ τοῦ Σωκράτους σειρήν. Vergl. Cicero De orat. III, 16, 60: Socrates omnium testimonio quum prudentia et acumine et venustate et subtilitate, tum vero eloquentia varietate copia, quam se cunque in partem dedisset, omnium fuit facile princeps.

[204] Lucianus De domo 4 tom. III p. 192. Sogar Gregorius Naz. I p. 110 f. II p. 428 schämte sich nicht in diese Verleumdung miteinzustimmen.

[205] Sokrates im Phaedrus p. 46, 9: ὁ ἐξιστάμενος τῶν ἀνθρωπίνων σπουδασμάτων, καὶ πρὸς τῷ θείῳ γιγνόμενος νουθετεῖται μὲν ὑπὸ τῶν πολλῶν ὡς παρακινῶν, ἐνθουσιάζων δὲ λέληθε τοὺς πολλούς.

[206] Eupolis bei Meineke II p. 490: ὃς ἀλαζονεύεται μὲν, ἀλιτήριος, περὶ τῶν μετεώρων.

[207] Scholiasta Platonis p. 331.

woher er aber zu essen nehme, darauf hat er nicht gedacht"[208]. Und ganz in derselben frivolen Weise, als
ungezogener Liebling der Grazien, hat der Dichter
Aristophanes in den Wolken im J. 423, und im folgenden Jahre in den Wespen, und noch wenige Jahre
vor dem Tode des Sokrates, in den Fröschen im J.
405 ihn angegriffen und verhöhnt: als einen gottes-
erbärmlichen Schuften und himmelstürmenden Atheisten, der die Götter des Volkes leugne[209], einen Priester
der feinsten Albernheiten[210], einen luftwandelnden
Gestirnesinner[211], und heillosen Sophisten, der die
schlechtere Sache zur bessern zu machen, *τὸν ἥττονα*

---

[208] Eupolis bei Meineke II p. 553: *μισῶ δ' ἐγὼ καὶ Σωκράτην, τὸν*
πτωχὸν ἀδολέσχην, ὃς τἄλλα μὲν πεφρόντικεν, ὁπόθεν δὲ κατα-
φαγεῖν ἔχοι τούτου κατημέληκεν. Auch warf er ihm nach dem
Scholiasten zu Aristophanes Nub. 96 geradezu Diebstahl vor.

[209] Aristophanes Nub. 104. 365 ff. 830: *Σωκράτης ὁ Μήλιος* mit
Anspielung auf den Atheisten Diagoras von der Insel Melos.
Vergl. 853.

[210] Aristophanes Nub. 359: *λεπτοτάτων λήρων ἱερεύς.*

[211] Wie Aristophanes Nub. 225 ihn dadurch verspottet dass er ihn
sprechen lässt: *ἀεροβατῶ καὶ περιφρονῶ τὸν ἥλιον,* ich wandele
durch die Luft und überdenke die Sonne, und wie er ihn demgemäss Nub. 360 einen *μετεωροσοφιστής* nennt: so bezeugt auch
Sokrates selbst bei Platon Apol. p. 91, 12: *ὡς ἔστι τις Σωκρά-*
της, σοφὸς ἀνήρ, τά τε μετέωρα φροντιστὴς καὶ τὰ ὑπὸ γῆς
ἅπαντα ἀναζητηκώς, καὶ τὸν ἥττω λόγον κρείττω ποιῶν, und ebenso
p. 93, 8 ff. p. 102, 16 ff. und bei Xenophon Oecon. 11, 3 dass
man ihn für einen Schwätzer und Luftwandeler halte, *ὃς ἀδολεσ-*
χεῖν τε δοκῶ καὶ ἀερομετρεῖν, und der Syracusaner im Conviv.
6, 6 dass er *τῶν μετεώρων φροντιστής* sei; wie man es ja nach
dem Scholiasten zu Nub. 96 allen Naturphilosophen nachsagte:
κοινὸν γὰρ τῶν φιλοσόφων ἁπάντων ἔγκλημα τὸ ἀδολεσχεῖν περὶ
τῶν μετεώρων.

λόγον κρείττονα ποιεῖν, die Jugend zu verführen, und alle bisherige Staatsordnung nur zu verwirren geschickt sei[212]: und der am besten gerichtet wäre wenn man ihn hänge, oder das Dach ihm über dem Kopfe zusammenbrenne[213]. Ähnlich wie auch später der Sillograph Timon von ihm gesagt hat, er sei nur ein Steinglätter, ein Gesezeschwäzer, ein Bezauberer der Hellenen, ein Spitzredner und naserümpfender Spötter, der Attische Ironiker[214].

Sokrates selbst aber behauptete grundsäzlich, man müsse sich den Komoediendichtern freiwillig preisgeben: denn wenn sie mit Recht uns tadelten, sei man verpflichtet es hinzunehmen und das Getadelte zu verbessern; wenn aber mit Unrecht, so berühre uns dieses

---

[212] Aristophanes Nub. 98 f. 112 ff. 882 ff. 990 ff. 1038 ff. Vesp. 1037 ff. Equit. 1375 ff. Ran. 1491 ff. Zeller, Die Philosophie der Griechen II p. 88 f. Der verleumderische Vorwurf, Sokrates habe gelehrt die schlechtere Sache als die bessere darzustellen (vergl. Diogenes L. II, 20), ist ganz derselbe der sonst den Sophisten mit Recht gemacht, und als deren charakteristisches Kunststück hervorgehoben wird bei Platon im Protagoras p. 156, 4; und im Phaedrus p. 81, 15 ff.: Tisias und Gorgias hätten entdeckt wie man machen könne dass das Wahrscheinliche mehr gelte als das Wahre, und hätten verstanden durch die Kraft der Rede das Kleine als gross und das Grosse als klein erscheinen zu lassen, und dem Alten das Gepräge des Neuen zu geben und umgekehrt: οἱ πρὸ τῶν ἀληθῶν τὰ εἰκότα εἶδον ὡς τιμητέα μᾶλλον, τά τε αὖ σμικρὰ μεγάλα καὶ τὰ μεγάλα σμικρὰ φαίνεσθαι ποιοῦσι διὰ ῥώμην λόγου κτλ. Vergl. auch Aristoteles Rhet. II, 24 p. 1402, A, 25 ff.

[213] Aristophanes Nub. 870. 1484 ff.

[214] Timon bei Diogenes L. II, 19: λιθοξόος, ἐννομολέσχης, Ἑλλήνων ἐπαοιδός, ἀκριβολόγους ἀποφήνας, μυκτὴρ ῥητορόμυκτος, ὑπαττικὸς εἰρωνευτής.

nicht[215]. Mich, sagt er, verlässt keinen Augenblick
das Bewusstsein, selbst besser zu werden und auch
meine Freunde besser zu machen[216]. Darum, obgleich
er nur selten ins Theater ging, wenn nemlich Euripides Tragoedien auffühhren liess, da er an den Ko-
moedien wenig Geschmack hatte; so fand er sich doch,
als er hörte dass Aristophanes ihn auf die Bühne
bringe, bei der Vorstellung ein, und lachte mit, und
als das schaulustige Publicum sich neugierig nach dem
Originale des Zerrbildes umsah, erhob er sich von
seinem Platze und blieb aufrecht stehen, damit jeder
soviel er wolle ihn sehen und betrachten könne[217].

In der Zeit zwischen diesen Neckereien der Komiker und der späteren Anklage ward ihm wiederholt ein glänzender Anlass geboten, Athen verlassen,
und anderswo nach der Meinung der Menschen geehrt und glücklich leben zu können. Der Makedonische König Archelaos nemlich, an dessen Hofe die
Dichter Choerilos[218], Euripides[219], Agathon[220], und
der Maler Zeuxis[221] lebten, hatte auch ihn zu sich
eingeladen, um ihn reich und glücklich zu machen:

---

[215] Diogenes L. II, 37: ἔλεγε δὲ τοῖς κωμικοῖς δεῖν ἐπίτηδες ἑαυτὸν
διδόναι· εἰ μὲν γάρ τι τῶν προσόντων λέξειαν, διορθώσονται,
εἰ δ᾽ οὔ, οὐδὲν πρὸς ἡμᾶς

[216] Xenophon Mem. I, 6, 9: οἴει οὖν ἀπὸ πάντων τούτων τοσαύτην
ἡδονὴν εἶναι, ὅσην ἀπὸ τοῦ ἑαυτόν τε ἡγεῖσθαι βελτίω γίγνεσθαι καὶ φίλους ἀμείνους κτᾶσθαι; ἐγὼ τοίνυν διατελῶ ταῦτα
νομίζων.

[217] Aelianus Var. II, 13. V, 8. — [218] Istros bei Athenaeus VIII, 35.

[219] Gellius XV, 20, 9.   Plutarchus Mor. p. 177, A. und die vitae
Euripidis.

[220] Aelianus Var. II, 21. — [221] Aelianus Var. XIV, 17.

er aber lehnte dies ab, schon wegen der schändlichen
Ungerechtigkeiten durch welche dieser König auf den
Thron gekommen war[222], und weil es ihm, diesem
Fürsten gegenüber, eine Erniedrigung dünkte, nicht
gleiches mit gleichem vergelten d. h. die empfange-
nen Wolthaten nicht auch zurückgeben zu können. Er,
so spricht Seneca als ein erfahrener, er, dessen Frei-
müthigkeit das freie Athen nicht zu ertragen ver-
mochte, hatte am wenigsten Lust freiwillig in die Skla-
verei eines barbarischen Königes sich zu begeben[223].
Das Anerbieten, ihn reich zu machen, erwiderte er
mit der Bemerkung: dass man in Athen vier tägliche
Brode für *einen* Obolos kaufen, und das beste Trink-
wasser umsonst haben könne[224]. Und mit demselben
Stolze wies er die gleichen Anträge der Thessalischen

[222] Platons Gorgias p. 52 ff.

[223] Aristoteles Rhet. II, 23 p. 1398, A, 24: Σωκράτης οὐκ ἔφη βαδί-
ζειν ὡς Ἀρχέλαον· ὕβριν γὰρ ἔφη εἶναι τὸ μὴ δύνασθαι ἀμύνασ-
θαι ὁμοίως εὖ παθόντα ὥσπερ καὶ κακῶς. Seneca De benef. V,
6, 2: Archelaus rex Socratem rogavit ut ad se veniret: dixisse
Socrates traditur nolle se ad eum venire, a quo acciperet benefi-
cia, cum reddere illi paria non posset. §. 6: quare ergo hoc
Socrates dixit? vir facetus et cuius per figuras sermo procedere
solitus erat, derisor omnium, maxime potentium, maluit illi nasute
negare quam contumaciter aut superbe. §. 7: vis scire quid vere
voluerit? noluit ire ad voluntariam servitutem is, cuius libertatem
civitas libera ferre non potuit. Vergl. Platons Apol. p. 131,
9 ff. — M. Antoninus XI, 25 nennt statt des Archelaos den König
Perdikkas.

[224] Arrianus bei Stobaeus Flor. 97, 28: Σωκράτης Ἀρχελάου μετα-
πεμπομένου αὐτὸν ὡς ποιήσοντος πλούσιον, ἐκέλευσεν ἀπαγγεῖλαι
αὐτῷ διότι Ἀθήνησι τέσσαρές εἰσι χοίνικες τῶν ἀλφίτων ὀβολοῦ
ὤνιοι, καὶ κρῆναι ὕδατος ῥέουσιν. Vergl. Johannes Chrysost. I
p. 65, D.

Fürsten zurück, des Skopas zu Kranon und des Eury-
lochos zu Larissa[225], unbekümmert ob der oder jener
ihn deshalb für hochmüthig halte.

Auch das ist ein echt hellenischer Zug an ihm,
dass er wie Solon den Grundsaz hatte, spätlernen sei
besser als gar nicht lernen[226], und dass er demgemäss
noch in vorgerücktem Alter die Leier spielen lernte,
mit der humoristischen Bemerkung, es sei nicht un-
passend dass einer das lerne was er nicht wisse[227].
Ja als er selbst im Gefängnis noch einen ein Lied
des Stesichoros vortragen hörte, wollte auch er dieses
noch lernen, um eine Kenntnis mehr mit sich in die
andere Welt zu nehmen, *ut aliquid sciens amplius e
vita discedam*[228]. Als ganz charakteristisch aber und
etwas wahrhaft Göttliches rühmen Alle an ihm die
immer gleiche Heiterkeit und den tiefen Frieden und
Gleichmuth der Seele: „sein Antliz blieb sich immer

---

[225] Diogenes L. II, 25.

[226] Sokrates bei Sextus Emp. VI, 13: ὅτι κρεῖττόν ἐστιν ὀψιμαθῆ
μᾶλλον ἢ ἀμαθῆ διαβάλλεσθαι, und ebenso Libanius Epist. 1212
und Suidas v. Σωκράτης p. 845: τὸ Σόλωνος, ὀψιμαθὴς μᾶλλον
ἢ ἀμαθής.

[227] Diogenes L. II, 32: καὶ λυρίζειν ἐμάνθανεν ἤδη γηραιός, μηδὲν
λέγων ἄτοπον εἶναι ἅ τις μὴ οἶδεν ἐκμανθάνειν. Sextus Emp.
Adv. math. VI, 13: Σωκράτης καίπερ βαθύγηρως ἤδη γεγονὼς
οὐκ ᾐδεῖτο πρὸς Λάμπρον τὸν κιθαριστὴν φοιτῶν. Cicero De
senect. 8, 26: quum fecisse Socratem in fidibus audirem. Valerius
Max. VIII, 7, 8: Socratem constat aetate provectum fidibus trac-
tandis operam dare coepisse: satius judicantem eius artis usum
sero quam nunquam percipere. Quintilianus I, 10, 13: Socrates
jam senex institui lyra non erubescebat.

[228] Ammianus Marcellinus XXVIII, 4, 15. Vergl. die von Solon erzählte Anekdote in meinen Studien p. 408 Anm. 139.

gleich in allen Wechselfällen des Lebens, in alles sich
schickend wie es dem Menschen geziemt, stets hei-
teren Sinnes und erhaben über jeglicher Trauer und
Furcht": was seinen Grund nur in der klaren Erkenntnis seiner objectiven Mission, *und* in dem sub-
jectiv sicheren Bewusstsein seiner angemessenen Kraft
haben konnte, also in der inneren Übereinstimmung
seines Geistes und seines Willens [229].

Was nun der nächste Anlass zu seiner förmlichen
Anklage war, ist uns nicht überliefert. Getragen wurde
sie von dem natürlichen Ingrimm aller derer, welchen
er ein lästiger Vorwurf und ebendarum verhasst war;
ausgegangen aber ist sie nicht sowol von den Sophisten
die er zeitlebens bekämpft hat (diese hatten ja theilweise ein ähnliches Schicksal wie er [230]), als vielmehr

---

[229] Xantippe bei Aelianus Var. IX, 7 und bei Stobaeus Flor. 108, 77:
ὅμοιον ἦν τὸ Σωκράτους πρόσωπον, καὶ προϊόντος ἐκ τῆς οἰκίας
καὶ ἐπανιόντος ἀεὶ θεάσασθαι. ἥρμοστο γὰρ πρὸς πάντα ἐπιει-
κῶς καὶ ἦν ἵλεως ἀεὶ τὴν διάνοιαν, καὶ λύπης ὑπεράνω πάσης
καὶ φόβου κρείττων παντὸς ὤν. Cicero De off. I, 26, 90: prae-
clara est aequabilitas in omni vita et idem semper voltus eadem-
que frons, ut de Socrate accepimus. Tusc. III, 15, 31: hic est
ille voltus semper idem, quem dicitur Xantippe praedicare solita
in viro suo fuisse Socrate, eodem semper se vidisse exeuntem
illum domo et revertentem. nec vero ea frons erat, quae M. Crassi
illius veteris, quem semel ait in omni vita risisse Lucilius; sed
tranquilla et serena: sic enim accepimus. jure autem erat semper
idem voltus, quum mentis, a qua is fingitur, nulla fieret mutatio.
Plinius Hist. nat. VII, 19, 79: Socratem clarum sapientia eodem
semper visum voltu nec aut hilaro magis aut turbato.

[230] Die Schrift des Protagoras welche mit den Worten anfing: „über
die Götter weiss ich nichts, weder dass sie sind, noch dass sie
nicht sind": wurde öffentlich verbrannt, und er selbst, als Gottes-
leugner angeklagt, starb auf der Flucht: Platon im Theaet.

von fanatischen Demokraten, die nach dem Sturze der
dreisig Tyrannen die alte Demokratie wiederherzu-
stellen versuchten. Auch soll dabei die persönliche
Rache *eines* seiner Ankläger mitgewirkt haben; wenigstens wird glaubhaftig berichtet, der wollüstige Anytos
habe eine unreine Liebe zu Alkibiades gehegt, und
es weder diesem verziehen dass er ihn zurückgewiesen,
noch auch dem Sokrates dass *er* den schönen gefesselt und für edlere Freuden gewonnen habe[231]. Thatsache ist dass zwei unter den dreien die gegen ihn
auftraten, Melitos und Anytos, entschiedene, leiden-
schaftliche Demokraten waren. Die Anklage selbst,
eingebracht bei dem Archon Basileus im Frühling des
Jahres 399 vor Chr., und niedergelegt im Staatsarchiv,
lautete wörtlich also:

„Melitos des Melitos Sohn aus dem Demos Pitthos
erhebt und beschwört gegen Sokrates des Sophroniskos Sohn aus dem Demos Alopeke die peinliche Klage:
Sokrates begeht ein Verbrechen indem er nicht an
die Götter des Staates glaubt, sondern andere neue
Daemonen einführt; er begeht auch ein Verbre-

---

p. 219, 6. Cicero De nat. deor. I, 12. 23. Josephus Flavius c.
Apion. II, 37. Diogenes L. IX, 52. Sextus Empir. IX, 57. Theo-
philus Ad Autolyc. III, 7 p. 384, D. Theodoretus De Gr. aff. 2,
113 p. 103. Und der Sophist Prodikos von Keos soll nach dem
Tode des Sokrates gleichfalls als Verderber der Jugend zum
Schierlingsbecher verurtheilt worden sein. Scholiasta Platonis
p. 421, 17 und Suidas v. Πρόδικος p. 422, 14: ἐν Ἀθήναις
κώνειον πιὼν ἀπέθανεν, ὡς διαφθείρων τοὺς νέους.

[231] Satyrus bei Athenaeus XII, 47 und Plutarchus v. Alcib. p.
193, D.

chen indem er die Jugend verdirbt. Strafantrag: der Tod" [232].

· Über die besondere Betheiligung jedes der drei Ankläger sind die Angaben abweichend [233]. Sokrates selbst in seiner Vertheidigung sagt dass, weil ·er allen Classen der Bevölkerung nachgewiesen habe, dass sie nichts rechtes wüssten sondern Scheinwisser seien, so seien ihm gerade darum die heftigsten Feindschaften entstanden, und darum hätten seine drei Ankläger, Melitos wegen der Dichter, Anytos wegen der

[232] Favorinus bei Diogenes L. II, 40: τάδε ἐγράψατο καὶ ἀντωμόσατο Μέλητος Μελήτου Πιτθεὺς Σωκράτει Σωφρονίσκου Ἀλωπεκῆθεν· ἀδικεῖ Σωκράτης, οὓς μὲν ἡ πόλις νομίζει θεοὺς οὐ νομίζων, ἕτερα δὲ καινὰ δαιμόνια εἰσηγούμενος· ἀδικεῖ δὲ καὶ τοὺς νέους διαφθείρων. τίμημα θάνατος. Kürzer bei Xenophon Mem. I, 1, 1: ἀδικεῖ Σωκράτης οὓς μὲν ἡ πόλις νομίζει θεοὺς οὐ νομίζων, ἕτερα δὲ καινὰ δαιμόνια εἰσφέρων· ἀδικεῖ δὲ καὶ τοὺς νέους διαφθείρων,. und in Platons Apologie p. 104, 2: ἡ ἀντωμοσία ἔχει πως ὧδε· Σωκράτη φησὶν ἀδικεῖν τούς τε νέους διαφθείροντα, καὶ θεοὺς οὓς ἡ πόλις νομίζει οὐ νομίζοντα, ἕτερα δὲ δαιμόνια καινά. Vergl. auch Platons Euthyphron p. 353, 6: Μέλιτος.. φησὶ γάρ με ποιητὴν εἶναι θεῶν, καὶ ὡς καινοὺς ποιοῦντα θεούς, τοὺς δ' ἀρχαίους οὐ νομίζοντα, und dann weiterhin: ὡς οὖν καινοτομοῦντός μου περὶ τὰ θεῖα.

[233] Maximus Tyrius 9, 2: Σωκράτην Μέλητος μὲν ἐγράψατο, Ἄνυτος δὲ εἰσήγαγε, Λύκων δὲ ἐδίωκε. Libanius III, p. 63, 25: πέπεικε Λύκων, εἰσηγήσατο Μέλιτος, Ἄνυτος ἐδίωκεν. Die Angabe bei Diogenes L. II, 38 dass der Rhetor Polykrates die Anklagerede geschrieben habe, scheint auf einer Verwechslung zu beruhen; dieser hatte nemlich mehrere Jahre nach dem Tode des Sokrates eine Anklageschrift gegen ihn geschrieben: Aelianus Var. XI, 10 und dazu Perizonius. Das Nähere über die drei Ankläger s. bei C. F. Hermann, De ·Socratis accusatoribus, Gottingae 1854.

Handwerker und der Politiker, Lykon wegen der Redner, d. h. jeder um` seinen Stand zu rächen, ihn vor
Gericht gezogen [231]. Wie die Ankläger selbst die beiden Hauptpunkte ihrer Beschuldigung: erstlich Sokrates leugne die Götter des Staates und führe andere ein,
und zweitens er verderbe die Jugend: näher begründet
haben, ist leider nicht authentisch bekannt; was gelegentlich darüber angeführt wird ist folgendes:

Der erste Klagepunkt wegen der Götter, die er
sich anders gedacht als die Menge, ist wol nur darum vorangestellt worden, weil er zu allen Zeiten ein
nie fehlschlagendes Mittel war, einen aus anderen
Gründen misliebigen Mann in der Volksmeinung zu
verderben. Wie diese Klage gehässiger Weise begründet werden *konnte,* ist leicht zu errathen; ging
man darin doch so weit, dem Sokrates einen förmlichen Vorwurf daraus zu machen, dass er (zuweilen)
die ersten Dichter von Hellas, den Hesiodos und den
Homeros, den Theognis und den Pindaros ihrer Göt-
terlehre wegen angegriffen und getadelt [235], und dass
er allein unter allen Athenern sich nicht in die Eleu-
sinien habe einweihen lassen [236]. Theodektes in seiner Vertheidigung des Weisen hält seinen Anklägern
die Frage entgegen: gegen welches Heiligthum Sokrates denn gefrevelt, welche unter den Göttern des
Staates er nicht geehrt habe? worauf eine befriedi-
gende Antwort zu geben allerdings wäre schwer ge-

---

[234] Platon Apol. p. 103, 3 ff. — [235] Libanius III p. 21, 14 ff.
[236] Lucianus im Demonax 11 tom. II p. 380: ὅτι οὔτε θεῶν ὤφθη
πώποτε (siehe dagegen oben p. 37 f.), οὔτε ἐμυήθη μόνος ἁπάντων
ταῖς Ἐλευσινίαις

wesen. Und weiterhin: ihr Richter steht im Begriffe
zu urtheilen, nicht über die Person des Sokrates, sondern über seine Beschäftigung, die Philosophie, ob
es überhaupt erlaubt sein solle zu philosophiren[237].
Und allerdings war, wenn die Sache ernsthaft genommen wurde, dieses der Kern der Frage: ob die gesezlich bestehende Volksreligion ein für allemal eine
unbedingte Autorität sein, oder ob es erlaubt sein solle,
auch *sie* philosophisch zu untersuchen, und dann, wie
es nicht anders sein konnte, bei aller Schonung der
öffentlichen Gottesverehrung, doch über dieselbe hin-
auszugehen? Ein Späterer, Libanius, macht aufmerksam auf den inneren Widerspruch: dass während man
dem Sokrates vorwerfe, er misachte und leugne die
väterlichen Götter, der Delphische Apollon, der specifisch väterliche Gott der Athener, ihn für den weisesten aller Hellenen erklärt habe[238]. Und in der
That, die Staatsgötter auf der Bühne verspotten, wie
Aristophanes that, war kein Vergehen; sie aber in der

---

[237] Theodektes bei Aristoteles Rhet. II, 23 p. 1399, A, 8: εἰς ποῖον
ἱερὸν ἠσέβηκεν; τίνας θεῶν οὐ τετίμηκεν ὧν ἡ πόλις νομίζει.
und ebendaselbst B, 9: μέλλετε δὲ κρίνειν οὐ περὶ Σωκράτους
ἀλλὰ περὶ ἐπιτηδεύματος, εἰ χρὴ φιλοσοφεῖν;

[238] Libanius III p. 34, 10 ff. Die bekannte Widerlegung des Sokrates selbst (in Platons Apol. p. 110, 17 ff.): dass wenn er, wie
der Ankläger behaupte, an Daemonisches glaube, er auch an
Daemonen, und eben darum auch an Götter als die Väter der
Daemonen glauben müsse: wird auch von Aristoteles Rhet. II, 23
p. 1398, A, 15 ff. und III, 18 p. 1419, A, 8 ff. wiederholt angeführt als nachahmungswürdiges Beispiel eines treffenden Scharf-
sinnes. Neuere haben bemerkt: diese Wendung sei eine *sophistische*,
da Melitos nicht behaupte, Sokrates glaube an *keinen* Gott, sondern nur dass er nicht an die Athenischen Staatsgötter glaube;

Idee nicht annehmen, ein Verbrechen[239]. Wenn das nicht nichtswürdig ist, so hat es niemals Tartüfferie gegeben.

Der zweite Punkt der Anklage, dass er die Jugend verderbe, war ganz und gar politischer Natur, und bezog sich auf seine antidemokratische Gesinnung, deren auffallender Weise Aristophanes nirgendwo gedacht hat. Der Ankläger nemlich hob hervor: Sokrates mache die Jünglinge die mit ihm umgingen, zu Verächtern der bestehenden Geseze, indem er ihnen sage dass es eine Thorheit sei die Staatsämter durch Bohnenstimmen zu besetzen, da doch niemand Lust habe sich durch Bohnen einen Steuermann oder einen Zimmermann oder einen Flötenspieler zu wählen, obgleich hiebei, wenn man fehlgreife, der Schaden viel geringer sei als bei Staatsangelegenheiten: solche Reden aber müssten nothwendig dazu verleiten, die bestehenden Staatseinrichtungen verächtlich, und die Jünglinge gewaltthätig zu machen[240]. Zum Beweise hiefür berief sich der Ankläger auf die Thatsache, dass Kritias und Alkibiades, die beide über den Staat so viel Unheil gebracht hätten, Lieblingsschüler des Sokrates gewesen seien: von denen der erstere, Kritias, zur Zeit der Oligarchie der grösste öffentliche Dieb,

---

aber sie haben dabei vergessen, dass Sokrates, der die Tartüfferie der ganzen Anklage vollkommen durchschaut hatte, ebendarum keineswegs verpflichtet war, den bösen Buben ernsthaft zu antworten, wol aber vollkommen berechtigt war, sie in ihren eigenen Schlingen zu fangen, und als dumme Jungen stehen zu lassen.

[239] Th. Heinsius, Sokrates nach dem Grade seiner Schuld p. 61.
[240] Xenophon Mem. I, 2, 9.

und der am meisten Gewaltthätige ($\pi\acute{\alpha}\nu\tau\omega\nu$ $\varkappa\lambda\epsilon\pi\tau\acute{\iota}$-$\sigma\tau\alpha\tau\sigma\varsigma$ $\varkappa\alpha\grave{\iota}$ $\beta\iota\alpha\iota\acute{\sigma}\tau\alpha\tau\sigma\varsigma$); der andere, Alkibiades, zur Zeit der Demokratie unter allen der liederlichste und übermüthigste ($\pi\acute{\alpha}\nu\tau\omega\nu$ $\acute{\alpha}\varkappa\rho\alpha\tau\acute{\epsilon}\sigma\tau\alpha\tau\sigma\varsigma$ $\tau\epsilon$ $\varkappa\alpha\grave{\iota}$ $\acute{\upsilon}\beta\rho\iota\sigma\tau\acute{\sigma}\tau\alpha\tau\sigma\varsigma$) gewesen sei [241]. Wogegen aber Xenophon mit Recht bemerkt dass diese beiden, Kritias und Alkibiades, so lange sie mit dem Sokrates in Verbindung standen, nüchtern und gemässigt, und mit seiner Hilfe stark genug geblieben seien um ihre bösen Gelüste zu beherschen; erst später, nachdem sie von Sokrates sich getrennt hätten, sei der eine, Kritias, in Thessalien, der andere, Alkibiades, in Athen selbst.durch liederliche Weiber und durch das Geztcht der Schmeichler verdorben worden: so dass also die *Fehler* beider wahrlich nicht dem Sokrates zur Last fielen [242]. Ausserdem warfen die Demokraten ihm vor, dass er stets das monarchische Lakedaemon und Kreta als wolgeordnete Staaten preise [243]; dass er die Zeiten des Pisistratos erhebe, lieber die Oligarchen an der Spitze

---

[241] Mem. I, 2, 12.

[242] Mem. I, 2, 18 und I, 2, 24. Ebenso Maximus Tyrius 24, 6: Anytus und Melitus behaupteten Sokrates verderbe die Jugend, weil Kritias ein Tyrann und Alkibiades übermüthig geworden ist, $\ddot{\sigma}\tau\iota$ $\mu\grave{\epsilon}\nu$ $K\rho\iota\tau\acute{\iota}\alpha\varsigma$ $\acute{\epsilon}\tau\upsilon\rho\acute{\alpha}\nu\nu\eta\sigma\epsilon$ $\varkappa\alpha\grave{\iota}$ $\ddot{\sigma}\tau\iota$ $'A\lambda\varkappa\iota\beta\iota\acute{\alpha}\delta\eta\varsigma$ $\acute{\epsilon}\xi\acute{\upsilon}\beta\rho\iota\zeta\epsilon$. Und gleicherweise Libanius III p. 46, 25 ff. p. 52, 16 ff. mit der richtigen Bemerkung p. 50, 7 ff. dass in aller, auch der besten Erziehung zulezt die angeborne Natur wieder durchschlage, wofür der Lehrer nicht verantwortlich gemacht werden könne. Oder soll etwa auch Seneca verantwortlich sein für den Nero, und am Ende auch Christus für den Judas der ihn verrathen hat!

[243] Platon im Kriton p. 164, 16: $\tau\grave{\eta}\nu$ $\Lambda\alpha\varkappa\epsilon\delta\alpha\acute{\iota}\mu\sigma\nu\alpha$ $\varkappa\alpha\grave{\iota}$ $\tau\grave{\eta}\nu$ $K\rho\acute{\eta}\tau\eta\nu$ $\acute{\epsilon}\varkappa\acute{\alpha}\sigma\tau\sigma\tau\epsilon$ $\varphi\tilde{\eta}\varsigma$ $\epsilon\acute{\upsilon}\nu\sigma\mu\epsilon\tilde{\iota}\sigma\vartheta\alpha\iota$, und Sokrates im Hippias I, p. 414, 19: $\acute{\alpha}\lambda\lambda\grave{\alpha}$ $\mu\grave{\eta}\nu$ $\epsilon\acute{\upsilon}\nu\sigma\mu\acute{\sigma}\varsigma$ γ' $\acute{\eta}$ $\Lambda\alpha\varkappa\epsilon\delta\alpha\acute{\iota}\mu\omega\nu$.

des Staates sähe und, ein offenbarer Feind der Demokratie, die gesezlich bestehende Verfassung Athens vor der Jugend lächerlich mache[244]. Und dass *dieses* wirklich der Hauptvorwurf gegen ihn, und der Hauptgrund seiner Verurtheilung gewesen sei, bezeugt *nach* seinem Tode als eine bekannte Sache der Redner Aeschines ausdrücklich[245].

Und in der That, wäre das damalige Athen noch das *alte* gewesen, in Glauben und Sitten, und gäbe es keinen *höheren* Standpunkt der Beurtheilung als den des jeweiligen Staatsrechtes, so müsste man zugestehen, Sokrates habe als Athenischer *Bürger* in seiner Beurtheilung der Athenischen Demokratie, wenigstens in der *Form* seines Tadels Unrecht gehabt[246]: ganz

---

[244] Libanius III, p. 17, 13: Σωκράτης ἐμίσει τὴν δημοκρατίαν, καὶ τύραννον ἡδέως ἂν εἶδεν ἐφεστῶτα τῇ πόλει. p. 19, 1: μισόδημός ἐστι καὶ τοὺς συνόντας πείθει τῆς δημοκρατίας καταγελᾶν .. ἐθαύμασεν ἂν Ἱππίαν, ἠγάσθη τὸν Ἵππαρχον, ἐκάλεσεν εὐδαιμονίαν τῶν Ἀθηνῶν ἐκεῖνον τὸν χρόνον.

[245] Aeschines adv. Timarchum §. 173: ὑμεῖς ὦ Ἀθηναῖοι Σωκράτην μὲν τὸν σοφιστὴν ἀπεκτείνατε, ὅτι Κριτίαν ἐφάνη πεπαιδευκώς, ἕνα τῶν τριάκοντα τῶν τὸν δῆμον καταλυσάντων

[246] Von diesem politischen Gesichtspunkte aus hat schon der ältere Cato das bekannte Urtheil (Plutarchus v. Catonis maj. p. 350, B) sich erlaubt: „Sokrates sei ein Schwätzer gewesen und ein gewaltthätiger Mensch, der auf jede mögliche Weise versucht habe sein Vaterland zu tyrannisiren, die alten Sitten aufzulösen und seine Mitbürger zu einer gesezwidrigen Denkungsart herüberzuziehen." Unter den Neueren hat meines Wissens zuerst Wiggers, Sokrates als Mensch als Bürger und als Philosoph p. 175 diese Auffassungsweise als relativ berechtigt wieder hervorgehoben, indem er bemerkt: „wegen der Urtheile welche Sokrates sich über die bestehende Athenische Verfassung erlaubte, dürfte er sich als Bürger schwerlich ganz rechtfertigen lassen. Die Art wie er über

so wie die christlichen Märtyrer, wenn man sie nach dem Römischen Staatsrechte beurtheilen wollte[247].

Dieser Klage nun gegenüber was sollte Sokrates thun? *er*, der die Böswilligkeit seiner Ankläger vollkommen durchschaute, und seiner eigenen Misliebig-

die Bohnenarchonten spottete, sich über die Athenischen Volksversammlungen, die beliebtesten Demagogen, kurz über das Wesen der Athenischen Demokratie äusserte, war so beschaffen dass man sie einem Athenischen Bürger nicht wol nachsehen konnte. Eine Prüfung nach den Gesezen kann man *sie* unmöglich nennen, da die Geseze schwerlich dieselbe erlaubten. Hier kann Sokrates nur mit der guten Absicht, die seinem Tadel zu Grunde lag, entschuldigt werden, da er die Überzeugung hatte, er sei den Athenern von der Gottheit selbst zur bessernden Züchtigung übergeben worden." Diesen Gesichtspunkt hat dann mein Freund P. Forchhammer wieder aufgegriffen, und in der geistvollen Schrift: Sokrates und die Athener: bis ins Extrem durchzuführen versucht in dem Endresultate p. 74: „dass niemals von einem gesezlicheren Gericht ein gesezlicheres Urtheil gesprochen worden sei, als dasjenige wodurch Sokrates zuerst des Verbrechens des Unglaubens an die Staatsgötter und der Verderbung der Jugend schuldig erkannt, und darauf zum Tode verurtheilt wurde." Wogegen mit Recht Zeller, Die Phil. der Gr. II, 102 bemerkt hat, dass die *damaligen* Athener zu einem solchen Urtheile *nicht* mehr berechtigt waren. Wahr aber ist allerdings die Bemerkung Forchhammers p. 57: „dass kein bisheriger Staat die freie Discussion des Principes seiner Verfassung gestattet habe." Und allerdings, wenn heute einer in Wien oder Berlin die Inconvenienzen und Übelstände der bestehenden monarchischen Verfassung und der regierenden Dynastien so aufdecken und öffentlich mit der Jugend besprechen wollte, wie Sokrates dieses mit der Demokratie in dem demokratischen Athen gethan hat: so würde er nicht erst nach Decennien, sondern im ersten Jahre seiner Lehrthätigkeit *extra statum nocendi* gesezt, und wenn auch nicht hingerichtet, jedenfalls Zeitlebens eingesperrt werden.

[247] Vergl. m. Schrift über den Untergang des Hellenismus p. 7 ff.

keit bei *vielen* seiner Mitbürger klar sich bewusst war;
er, der wie Platon von sich sagen konnte: er sei zu
spät in seinem Vaterlande geboren worden, denn er
habe sein Volk schon gealtert gefunden, und an ganz
andere Dinge gewöhnt als was *er* ihm zu rathen hatte[248].
Was hätte er ernsthaft zu seiner Vertheidigung vor-
bringen sollen? seine wahre Überzeugung verleugnen,
abschwören, seine Richter um Gnade bitten? Unmöglich, so wenig als Christus in ähnlichem Falle gethan hat.

„Obgleich es gesezlich verboten war (so bezeugt
sein Schüler Xenophon), war es doch thatsächlich
Sitte, die Richter um Gnade zu bitten und ihnen zu
schmeicheln; und *viele* sind daraufhin freigesprochen
worden. Sokrates aber, so leicht es ihm auch gewesen wäre von den Richtern freigegeben zu werden,
wenn er sich der herschenden Sitte auch nur ein wenig hätte fügen wollen: Sokrates zog es vor den Gesezen gehorsam zu sterben, als durch eine ungesez-
liche Handlung sein Leben sich zu erkaufen“[249].
Und weiterhin berichtet derselbe Zeuge: „weisst du
nicht Sokrates (so habe Hermokrates zu ihm gesprochen), dass die Athenischen Richter sich oft durch
ein Wort bestimmen lassen, unschuldig Angeklagte
zum Tode zu verurtheilen, und Schuldige freizugeben?
Bei Gott, das weiss ich, erwiderte Sokrates, und ich

---

[248] Platon Epist. V p. 422, 16 ff.

[249] Xenophon Mem. IV, 4, 4: ῥᾳδίως ἂν ἀφεθεὶς ὑπὸ τῶν δικαστῶν,
εἰ καὶ μετρίως τι τούτων ἐποίησε, προείλετο μᾶλλον τοῖς νόμοις
ἐμμένων ἀποθανεῖν ἢ παρανομῶν ζῆν. Vergl. Platons Apol.
p. 125, 3 ff.

hatte auch schon auf eine Vertheidigung gedacht, als mir warnend mein guter Daemon entgegentrat (ἠναν-τιώϑη τὸ δαιμόνιον)" [250].

Es war also zunächst ein religiöser Grund der ihn von aller rhetorischen Vertheidigung abhielt; und niemand ist berechtigt diese ausdrückliche Versicherung in Zweifel zu ziehen [251]. Die Angabe ist wie irgend eine *echt,* und kann nicht erfunden sein. Der natürliche sinnliche Mensch verhält sich dem Tode gegenüber, der wie Aristoteles sagt als das Ende von allem das furchtbarste ist [252], nothwendig schwankend: hat doch ein Grösserer noch als Sokrates war, in solchen Momenten tief aufgeseufzt [253]; der innere höhere Mensch aber bleibt unbeirrt und klammert sich nur fester noch an den Genius an, dem er bisher gefolgt ist. Ja gerade dadurch unterscheiden sich die höheren vor den gewöhnlichen Menschen, dass die lezteren in solchen Momenten klein sind, die ersteren aber als gross sich bewähren; dass die einen ganze, wirkliche Helden sind, während die andern nur eine

---

[250] Mem. IV, 8, 5.

[251] Wiggers, Sokrates p. 140: Sokrates sah sich an als einen von der Gottheit bestimmten allgemeinen Volkslehrer, der nun als ein Opfer nach dem Willen derselben fiel; seinen Tod betrachtete er als eine von der Gottheit verlangte Huldigung ihrer Befehle. Unstreitig eine interessante Seite, die man nur zu sehr zu übersehen pflegt.

[252] Aristoteles Eth. Nic. III, 9, p. 1115, A, 26: φοβερώτατον ὁ ϑάνατος· πέρας γάρ, καὶ οὐδὲν ἔτι τῷ τεϑνεῶτι δοκεῖ οὔτ᾽ ἀγαϑὸν οὔτε κακὸν εἶναι.

[253] Matthaeus 26, 37 f. 27, 46. 50. Marcus 14, 33 f. 15, 34. 37. Johannes 12, 27.

eingelernte Rolle spielen, und diese dann ebendarum, der wirklichen Gefahr gegenüber, wieder vergessen. Die einen praepariren sich auf alle Gefahren, und bestehen sie *nicht;* den anderen gibt es der Genius ein im Momente wo sie ' dessen bedürfen. Weshalb auch Christus seinen Jüngern geradezu befohlen hat: sie sollten nicht zum voraus bedacht sein was sie zu den Leuten reden wollten, es werde ihnen schon ein-gegeben werden im rechten Augenblicke[254]. Nicht das Eingelernte, Reflectirte hält wider in solchen Mo-menten, sondern nur die wahre ursprüngliche innere Stimme; nicht was einer gelernt hat, sondern was er *ist.*

Als darum dem Sokrates der Redner Lysias, der grössten einer unter den damaligen Meistern im Schrei-ben[255], eine schriftlich ausgearbeite sehr beredte Ver-theidigungsrede gebracht hatte, deren er sich vor Ge-richt bedienen könne: las er dieselbe mit gewohnter Gutmüthigkeit und lobte sie; lehnte es jedoch ab von ihr Gebrauch zu machen, da sie zwar schön und red-nerisch, aber nicht männlich und ihm, dem Sokrates, nicht angemessen sei[256]. Sein ganzes bisheriges Le-

---

[254] Matthaeus 10, 19 f. Marcus 13, 11. Lucas 12, 11 f. Nicht das subjective Ich, sondern der objective Geist Gottes ist es, der in Sokrates wie in den Aposteln in solchen erregten Momenten ge-sprochen hat.

[255] Nach Platons Urtheil im Phaedrus p. 4, 16: δεινότατος ὧν τῶν νῦν γράφειν.

[256] Cicero De orat. I, 54, 231: quum ei scriptam orationem diser-tissimus orator Lysias attulisset, quam si ei videretur edisceret, ut ea pro se in judicio uteretur, non invitus legit et commode scriptam esse dixit: sed, inquit, ut si mihi calceos Sicyonios attu-lisses, non uterer, quamvis essent habiles et apti ad pedem, quia

ben, glaubte er, enthalte eine hinlängliche Vertheidigung gegen die Anklage: er könne darum es ge-
trost den Athenern überlassen, ganz nach Belieben
über ihn zu urtheilen; denn viel lieber wollte er von
der Mehrzahl seiner Zeitgenossen verkannt, auf die
noch übrigen Lebenstage verzichten als, sich selbst
untreu, sein ganzes bisheriges Leben *und* die Bewun-
derung der besten aller zukünftigen Geschlechter
preisgeben [257]. Am liebsten hätte er darum wol, troz
seiner sonstigen Redelust, ganz geschwiegen vor Gericht, wie Christus [258]; da jedoch dieses gegen allen
und jeden Brauch vor Gericht [259], und *ihm* als ein un-
erträglicher Hochmuth wäre ausgelegt worden: so ent-
schloss er sich zu *der* Art von Vertheidigung, die
seinem Charakter und *seiner* Lage entsprechend war.
Er *wollte,* mit Wissen und Willen, in den lezten Au-
genblicken seines Lebens nicht anders erscheinen als
er während seines ganzen Lebens gewesen war; und
da durch dieses ganze Leben eine von seinem Wesen

---

non essent viriles; sic illam orationem disertam sibi et oratoriam
videri, fortem et virilem non videri.

[257] Quintilianus XI, 1, 10: maluit enim quod superesset e vita sibi
perire quam quod praeterisset. et quando ab hominibus sui tem-
poris parum intelligebatur, posterorum se judiciis reservavit,
brevi detrimento jam ultimae senectutis aevum saeculorum omnium
consecutus. Vergl. Hamann II, 14: man überwindet leicht das
doppelte Herzeleid von seinem Zeitgenossen nicht verstanden und
dafür mishandelt zu werden, durch den Geschmack an den Kräften einer besseren Nachwelt.

[258] Matthaeus 26, 63. 27, 12 ff. Marcus 14, 61. 15, 5. Lucas 23, 9.

[259] Sokrates in Platons Apol. p. 93, 2: τῷ νόμῳ πειστέον καὶ ἀπο-
λογητέον.

unzertrennliche ideale Ironie sich hindurchzieht, **und**
dies seltsame Lächeln, jenem der Daedalischen Göt-
terbilder vergleichbar, so *vielen* seiner Mitbürger immer unangenehm war: so konnte *dieses,* welches nach
der Natur der Sache *hier* nur schärfer noch hervor-
treten *musste,* der Mehrzahl seiner Richter *jezt* unmöglich angenehmer sein, als es ihnen *bisher* gewesen
war. Ohne Zweifel aber würden ihn die Athenischen
Schwurmänner, die ihn ja seit Jahrzehnten hatten
gewähren lassen, auch aus diesem Handel ungekränkt
entlassen haben, wenn er sich wie Xenophon sagt
ihren Sitten nur *ein wenig* hätte bequemen wollen.

Das aber that er dank seinem Daemon *nicht,* und
welches innerlich grosse Gemüth hätte sich in einem
solchen Momente, solchen Richtern gegenüber, und
dem Tode und der Nachwelt, jemals dazu entschlossen?
Wer vermöchte es sich selbst untreu zu werden in dem
grössten Momente seines Lebens, Menschen zuliebe
die unter ihm stehen, oder um irgend welcher äus-
seren Güter willen? Wahrhaftig wer den Sokrates
deshalb tadelt, der hat nie einen Blick gethan in die
Seele eines grossen Mannes, und ist nie sich bewusst
geworden seiner eigenen Kraft.

Als darum der Process vor den Heliasten, einem
Volksgerichte von fast sechshundert Geschworenen, in
der Königshalle [260] geführt wurde, redete Sokrates mit
festem Herzen, und mit dem ganzen Stolze seines sittlichen Bewusstseins [261], mehr als der Befehlshaber sei-

---

[260] Platons Theaet. p. 322, 9.

[261] Platons Apol. p. 130, 10: ἀπαυϑαδιζόμϵνος. Xenophons Apol.
§. 1: πάντϵς ἔτυχον τῆς μϵγαληγορίας αὐτοῦ. Diogenes L. II, 24:

ner Richter denn als ihr Angeklagter[262]. Auf die politischen Beschuldigungen erwiderte er kein Wort,
sondern erklärte mit der ihm eigenen Ironie seinen
Richtern ins Angesicht *warum* er so viele Feinde habe?
Nemlich um dem Gotte in Delphi zu folgen, der ihn
für den weisesten unter allen erklärt, habe er sich
berufen gefühlt Staatsmänner, Redner, Dichter, Künstler und Handwerker, und wer immer sich weise dünke,
zu prüfen, und ihnen darzuthun dass sie *nichts* wissen;
sich selbst aber habe er nur darin als weiser denn
andere erkannt, dass *er wisse* dass er *nichts wisse,* fern
von aller Selbstüberschäzung, seines Nichtwissens sich
bewusst sei: darum hätten ihn die Überwundenen ge-
hasst, und weil sie gesehen dass ihm die Jünglinge,
der reichsten Männer Söhne anhingen und mitzuhörten
wie er die sich weise Dünkenden ihrer Unwissenheit
überführe, und weil auch diese Jünglinge dann an-
fingen andere zu überführen: *darum* sage man dass
er die Jünglinge verderbe[263]. Bei seinen Untersuchungen habe sich ferner die Meinung gebildet, als
wisse er selbst Besseres, indem er die andern des
Nichtwissens überführe; und so sei er für einen Weisen
ausgegeben worden, wie die anderen Philosophen
welche so genannt werden; und da nun *diese* als Un-
gläubige und Neuerer in göttlichen Dingen bekannt

ἦν δὲ ἰσχυρογνώμων. Cicero Tusc. I, 29, 71: adhibuit liberam
contumaciam a magnitudine animi ductam, non a superbia.

[262] Cicero De orat. I, 54, 231: Socrates ita in judicio capitis pro se
ipse dixit, ut non supplex aut reus, sed magister aut dominus
videretur esse judicum; und danach Hamann II, 48.

[263] Platons Apol. p. 102, 4 ff.

seien, so habe man auch *ihn* für einen solchen ausgegeben[264]. „Was ich nun, so fährt er fort, bereits
im Vorigen gesagt habe, dass ich bei *Vielen sehr* verhasst bin, das ist wahr: und *das* ist es auch, dem ich
unterliegen werde, nicht meinen Anklägern sondern
dem Hasse der Menge, dem schon viele andere treff-
liche Männer unterlegen sind, und auch künftig noch
unterliegen werden[265]. Ich aber, so versichert er, bin
euch ihr Athener zwar zugethan und freundlich ge-
sinnt; gehorchen aber werde ich dem Gotte mehr als
euch den Menschen[266]. Denn dieses befiehlt mir der
Gott, und ich glaube dass noch niemals ein grösseres
Gut euch zu Theil geworden ist in dieser Stadt, als
dieser Dienst den *ich* dem Gotte erwiesen habe"[267].

Eine Mehrheit von sechs Stimmen erkannte ihn
dann schuldig[268]. Melitos hatte auf Todesstrafe an-
getragen; nun sollte auch *er selbst* sich eine Strafe
zuerkennen. Es war nemlich ein beneidenswerther
Gerichtsgebrauch zu Athen, dass in solchen Fällen
der Ankläger seiner beschworenen Klage auch einen

---

[264] Ibid. p. 96 ff. — [265] Ibid. p. 112.

[266] Ibid. p. 115, 11: ἐγὼ ὑμᾶς, ὦ ἄνδρες Ἀθηναῖοι, ἀσπάζομαι
μὲν καὶ φιλῶ, πείσομαι δὲ μᾶλλον τῷ θεῷ ἢ ὑμῖν.

[267] Ib. p. 116, 8: ταῦτα γὰρ κελεύει ὁ θεός, εὖ ἴστε. καὶ ἐγὼ οἴο-
μαι οὐδέν πω ὑμῖν μεῖζον ἀγαθὸν γενέσθαι ἐν τῇ πόλει ἢ τὴν
ἐμὴν τῷ θεῷ ὑπηρεσίαν. Vergl. p. 117, 118.

[268] Die Zahl der Heliasten in diesem Processe hat man auf 556 be-
rechnet: gegen ihn stimmten 281, für seine Freisprechung 275:
so dass wenn noch drei Stimmen für ihn gewesen wären, die Zahl
der Verdammenden und der Lossprechenden gleich gewesen, und
er dann frei ausgegangen wäre: Platon Apol. p. 128, 11 und
Diogenes L. II, 41.

Strafantrag beifügte, und dass dann der Angeklagte,
wenn er schuldig befunden, gerichtlich aufgefordert
wurde, der Strafschäzung des Klägers seine Gegenschäzung gegenüberzustellen, damit die Richter zwischen beiden wählen könnten[269]. Es sollte dadurch
erstlich der Beklagte selbst seine Schuld anerkennen,
und zweitens wenn er selbst sie geringer schäze, den
Richtern die mildere Strafe anheimgeben. Was thut
nun aber Sokrates? Seine stolze, aber auf die Wahrheit gegründete Antwort war: für seine den Athenern
uneigennüzig geleisteten Dienste verdiene er die Speis-
ung im Prytaneion (die ehrenvollste Belohnung für
hochverdiente Bürger). Solle er aber Geld geben,
dies hielt er für keine Strafe, so wolle er eine Mine
zahlen, als wie viel sein Vermögen gestatte, oder,
nach dem Wunsche und mit Unterstüzung seiner
Freunde, dreisig Minen[270]. Darauf wurde er zum
Tode verurtheilt oder, wie es in der damaligen Ge-
richtssprache hiess, verurtheilt den Eilfmännern (zur

---

[269] Die Schäzung des Klägers hiess τίμημα, die Gegenschäzung des
Beklagten ἀντιτιμᾶσθαι oder ὑποτιμᾶσθαι: Platon Apol. p. 128,
18 f. Xenophon Apol. §. 23. Pollux VIII, 150. Cicero De orat.
I, 54, 231: erat enim Athenis reo damnato, si fraus capitalis non
esset, quasi poenae aestimatio.

[270] Platons Apol. p. 133. Dieser Angabe scheint Xenophon Apol.
§. 23 zu widersprechen, indem er berichtet Sokrates habe jede
Gegenschäzung verweigert, weil darin eine Anerkennung seiner
Schuld läge; doch ist die von Platon erwähnte Schäzung eine
so augenscheinliche Ironie, dass sie als eine Gegenschäzung im
Sinne des Gesezes gar nicht gelten kann. Wie denn auch gerade
diese Gegenschäzung es war, welche einen Theil der Geschworenen
bewog nunmehr dem Strafantrage des Anklägers beizutreten.

Vollziehung des Straferkenntnisses) übergeben zu werden[271]: welchem Ausspruche achtzig Richter, die ihn vorher für unschuldig erklärt hatten, jezt, erzürnt über seine Gegenschätzung, beitraten[272].

Nach seiner Verurtheilung sprach er mit der Seelenruhe eines echten Weisen zu seinen Richtern unter anderem noch folgendes: „*ich* bin jezt *von euch* des Todes schuldig erklärt; *ihr* aber seid von der Wahrheit schuldig erklärt der Schlechtigkeit und Ungerechtigkeit. Und sowol *ich* habe diese mir zuerkannte Strafe anzunehmen als auch *ihr*: wie denn vielleicht *beides* so kommen *musste*. Was aber nach diesem kommen wird, gelüstet mich jezt euch zu weissagen; denn ich stehe ja schon da wo die Menschen zu weissagen pflegen, wenn sie nemlich im Begriffe zu sterben sind. Ich sage euch also ihr Männer, wahrlich es wird sogleich nach meinem Tode eine viel schwerere Strafe über euch kommen, als die ist, welche ihr über mich verhänget habt. Denn es werden andere kommen, die Rechenschaft von euch verlangen werden über euer Leben, und eine viel strengere als *ich* von euch verlangt habe"[273].

Darauf richtete er noch ein vertrauliches Wort an diejenigen unter den Richtern, die für seine Frei-

---

[271] Plutarchus Mor. p. 834, A: τοῖς ἕνδεκα παραδοθῆναι.

[272] Xenophon Apol. §. 32: Σωκράτης δὲ διὰ τὸ μεγαλύνειν ἑαυτὸν ἐν τῷ δικαστηρίῳ, φθόνον ἐπαγόμενος, μᾶλλον καταψηφίσασθαι ἑαυτοῦ ἐποίησε τοὺς δικαστάς, und Cicero De orat. I, 54, 232: quius responso sic judices exarserunt, ut capitis hominem innocentissimum condemnarent.

[273] Platons Apol. p. 134, 20. ff.

lassung gestimmt hatten. „Das gewohnte Zeichen, so
sprach er, die innere Stimme, welche mir so oft ich
im Leben etwas Verkehrtes zu thun im Begriffe war,
stets widerstanden und mich zurückgehalten hat, dieses Zeichen Gottes widerstand mir *heute niemals,* weder
als ich morgens von Hause ging, noch als ich hier
die Gerichtsstätte betrat, noch irgendwo in allem was
ich gethan und gesprochen habe: woraus ich schliesse,
dass ich selbst Recht gethan und dass auch das was
mir widerfahren ist, kein Übel für mich sondern ein
Gut sei[274]. Das Todtsein nemlich, fuhr er fort, ist
eines von beiden: entweder soviel als nicht sein; oder
es ist, wie man auch sagt, eine Versetzung und ein
Umzug der Seele von hinnen an einen anderen Ort.
Im ersteren Falle wäre der Tod wie ein Schlaf, so tief
und fest, dass er nicht einmal von Träumen gestört
würde, also ein wunderbarer Gewinn; im anderen Falle
aber, wenn der Tod eine Auswanderung ist von hinnen an einen anderen Ort, wo alle Verstorbenen sind:
was für ein grösseres Gut könnte es dann geben als
dieses? zusammenzukommen mit den wahren Richtern
Minos, Rhadamanthys, Aeakos, Triptolemos, und mit
Orpheus umzugehen und Musaeos, mit Hesiodos und
Homeros, und mit den alten Helden Palamedes und
Ajax und wer sonst noch durch unrechten Spruch
gestorben ist[275]. Also müsset auch ihr Richter gute
Hoffnung haben in Absicht des Todes, und das *eine*
Wahre im Gemüthe festhalten: dass es für den guten
Mann *kein* Übel gibt, weder im Leben noch im Tode,

---

[274] Ibid. p. 136, 10 ff. — [275] Ib. p. 137, 8 ff.

und dass seine Sache niemals von den Göttern ver-
nachlässigt wird. Auch die meinige hat jezt nicht von
ohngefähr diesen Ausgang genommen; sondern es ist
mir klar, dass sterben und aller Mühen entledigt werden, schon das Beste für mich war. An meinen Söh-
nen aber wenn sie erwachsen sind, nehmt euere Rache
ihr Männer, und quält sie ebenso wie ich euch ge-
quält habe, wenn ihr sehet dass sie um Reichthum
oder sonst etwas mehr sich bemühen als um Tugend;
und wenn sie sich dünken etwas zu sein, sind aber
nichts. Jedoch es ist Zeit dass wir gehen, ich um
zu sterben, ihr um weiter zu leben: wer aber von uns
beiden dem besseren Theile entgegen geht, das ist
allen verborgen ausser Gott"[276].

Hierauf ging er mit grosser Heiterkeit in das
Gefängnis wo er sterben sollte[277]. Alles an ihm ent-
sprach vollkommen seinen Worten, heiter war sein
Blick, seine Haltung, sein Gang[278]; und als einer seiner Freunde, Apollodoros, bitterlich weinte, da er ihn
jezt so unschuldig müsse sterben sehen: streichelte er
ihm mit der Hand über den Kopf und sprach lächelnd,
möchtest du denn lieber schuldig mich sterben sehen
als unschuldig?[279]

---

[276] Ibid. p. 139, 10 ff.

[277] Seneca Consol. ad Helv. 13, 4: Socrates eodem illo voltu, quo
triginta tyrannos solus aliquando in ordinem redegerat, carcerem
intravit ignominiam ipsi loco detracturus.

[278] Xenophon Apol. §. 27: εἰπὼν δὲ ταῦτα μάλα ὁμολογουμένως δὴ
τοῖς εἰρημένοις ἀπῄει καὶ ὄμμασι καὶ σχήματι καὶ βαδίσματι
φαιδρός.

[279] Xenophon Apol. §. 28. Vergl. Platons Phaedon p. 69, 8 ff.

Seine lezten Lebenstage im Gefängnis verliefen
sehr friedlich, und bewiesen dass es menschlich gesprochen damals wie jezt immerhin besser war, in
die Hände der Demokraten zu Athen zu fallen als in
jene der Pharisäer zu Jerusalem [280]. Es traf sich nemlich dass gerade einen Tag vor der entscheidenden
Gerichtssizung ein eigenthümliches Fest eingefallen
war. Die Athener hatten in alter Zeit alle neun Jahre
einen Opferzoll von sieben Jünglingen und sieben
Jungfrauen an den Minotauros in Kreta zu entrichten,
von welchem sie erst durch Theseus waren befreit
worden; und damals bei jener Fahrt des Theseus war
gelobt worden, dass wenn er sie von dem Blutzinse
befreie, so wollten sie für ewige Zeiten alljährig eine
heilige Theorie d. i. eine feierliche Wallfahrt zu dem
Apollonstempel in Delos senden. Und sobald nun dieses Fest begonnen und der Priester des Apollon das
Schiff bekränzt hatte, welches die Wallfahrer führte,
durfte bis zu dessen Rückkehr die Stadt in keiner
Weise verunreinigt, und insbesondere niemand von
Staatswegen hingerichtet werden. Daher verliefen
diesmal zwischen der Verurtheiluug des Sokrates und
seinem Tode volle dreisig Tage [281]; während welcher
er regelmässig die Besuche seiner Freunde empfangen,
und mit ihnen in gewohnter Weise seine philosophischen Gespräche fortsetzen konnte. Einer dieser
Freunde, Kriton, hatte alle Anordnungen getroffen,

---

[280] Vergl. Platons Politicus p. 345. 346.
[281] Platon im Phaedon p. 4 und dazu Wyttenbach p. 125. Lips.
Xenophon Mem. IV, 8, 2. Seneca Epist. 70, 9. Diodorus IV, 61.
und C. F. Hermann De theoria Deliaca, Gottingae 1846.

dass Sokrates wenn er nur wollte, sicher hätte entfliehen und dem ungerechten Urtheilsspruche sich ent-
ziehen können [282]. Er aber, lehnte dies ab, „da es
sich vor allem nicht darum handle, nur zu leben, sondern darum, gut und schön und gerecht zu leben [283];
man dürfe auf keine Weise Unrecht thun, auch dann
nicht wenn man selbst Unrecht erlitten habe [284]: er,
Sokrates, sei nach den Gesezen Athens rechtskräftig
verurtheilt, und demgemäss als guter Bürger verpflichtet diesem Spruche, auch wenn er nach seiner Meinung ein ungerechter, freiwillig sich zu unterwerfen;
wer anders handle, zerstöre das Ansehn der Geseze
und gefährde so viel an ihm liege den Bestand des
Staates, welchem er doch seine ganze Existenz, die
leibliche wie die geistige, zu verdanken habe [285]. Wenn
schon gegen Vater und Mutter Gewalt zu brauchen
ein Frevel sei, um wie viel mehr gegen das Vaterland,
welches jedem woldenkenden Menschen nächst den
Göttern das heiligste und ehrwürdigste sein müsse" [286].
Seine Freunde, einheimische und fremde, deren *keiner*
ihn verliess, fühlten sich ihm gegenüber, wie stand-
haft und edel er endete (ὡς ἀδεῶς καὶ γενναίως ἐτελεύτα),
wunderbar erhoben und in einer Gemüthsstimung die
aus Lust zugleich und aus Schmerz gemischt war

---

[282] Platons Kriton p. 145 ff.

[283] Kriton p. 154, 10: ὅτι οὐ τὸ ζῆν περὶ πλείστου ποιητέον ἀλλὰ
τὸ εὖ ζῆν καὶ καλῶς καὶ δικαίως.

[284] Kriton p. 155, 21: οὐδενὶ τρόπῳ φαμὲν ἑκόντας ἀδικητέον εἶναι
und p. 156, 17: οὐδὲ ἀδικούμενον ἄρα ἀνταδικεῖν, und ebenso
p. 157, 16 ff.

[285] Kriton p. 158, 12 ff. — [286] Kriton p. 160, 18 ff. 161, 9 ff.

(κρᾶσις ἀπό τε τῆς ἡδονῆς συγκεκραμμένη ὁμοῦ καὶ τῆς λύπης): denn keiner konnte zweifeln dass es dem Sokrates, wenn je einem anderen, auch im Hades wolergehen müsse[287]. Mit ungetrübter Seelenruhe sagte er allen lebewol, Weib und Kindern und Freunden; erst als er auch den Gefängniswärter, der ihm den Gifttrank brachte, beim Weggehen weinen sah, griff es ihm ans Herz und er sprach: auch du lebe wol; siehe wie fein der Mensch ist, so ist er immer mit mir umgegangen und war der beste Mensch, und nun wie aufrichtig er mich beweint![288]

In der ernstesten Stunde seines Lebens, kurz vor seinem Tode sagte er noch: „ich weiss dass mir das Zeugnis dereinst wird gegeben werden, dass ich keinem Menschen Unrecht gethan, keinen schlechter gemacht, wol aber stets mich bemüht habe, meine Freunde besser zu machen"[289]. Als er den Gifttrank genommen und schon die Kräfte des Gesundbrunnens in seinen Gliedern fühlte[290] und ganz kalt war, sagte er, und das waren seine lezten Worte, zu seinem Freunde Kriton: „o Kriton, wir sind dem Asklepios einen

---

[287] Phaedon p. 5, 16 ff. — [288] Phaedon p. 124, 10 ff.

[289] Platon Apol. p. 130, 11: πέπεισμαι ἐγὼ ἑκὼν εἶναι μηδένα ἀδικεῖν ἀνθρώπων. Xenophon Mem. IV, 8, 10: οἶδα γὰρ ἀεὶ μαρτυρήσεσθαί μοι, ὅτι ἐγὼ ἠδίκησα μὲν οὐδένα πώποτε ἀνθρώπων οὐδὲ χείρω ἐποίησα, βελτίους δὲ ποιεῖν ἐπειρώμην ἀεὶ τοὺς ἐμοὶ συνόντας, und Apol. §. 26: οἶδ' ὅτι καὶ ἐμοὶ μαρτυρήσεται ὑπό τε τοῦ ἐπιόντος καὶ ὑπὸ τοῦ παρεληλυθότος χρόνου, ὅτι ἠδίκησα μὲν οὐδένα πώποτε οὐδὲ πονηρότερον ἐποίησα, εὐεργέτουν δὲ τοὺς ἐμοὶ διαλεγομένους, προῖκα διδάσκων ὅ τι ἐδυνάμην ἀγαθόν. Vergl. oben Anm. 216.

[290] Hamann II, 48.

Hahn schuldig, entrichtet ihm den und versäumet es nicht[291]. Er wollte damit, getreu der Ironie seines ganzen Lebens, andeuten dass der Tod die lezte Genesung sei von der Krankheit dieses Lebens[292].

Also trank er umgeben von seinen Jüngern den Freundschaftsbecher der Athener[293], den Schierlingstrank, und ging im Alter von mehr als siebenzig Jahren[294], wie ein leichter Fussgänger heiter aus der Welt und arm wie er gekommen war, im ersten Jahre der fünfundneunzigsten Olympiade[295], 399 Jahre vor der Geburt Jesu Christi, dessen wahrhaftiger echter Vorläufer unter den Hellenen *er* gewesen ist. Und es wird einstimmíg anerkannt, sagen Xenophon Platon und Aristoteles, dass Sokrates durchaus *keinem* Menschen ähnlich sei, weder unter den alten noch unter den jetzigen, und dass nie, seit Menschengedenken, einer mit schönerem Gleichmuth der Seele den Tod ertragen habe, als Sokrates[296]. Ich finde dies alles so

---

[291] Phaedon p. 127, 16: ὦ Κρίτων, ἔφη, τῷ Ἀσκληπιῷ ὀφείλομεν ἀλεκτρυόνα. ἀλλ' ἀπόδοτε καὶ μὴ ἀμελήσητε.

[292] Die Scholien des Olympiodoros zu der Stelle des Phaedon bei Wyttenbach p. 319.

[293] Aelianus I, 16: τὴν ἐξ Ἀθηναίων φιλοτησίαν καὶ τὸ τοῦ φαρμάκου πῶμα. Scheint eine sprichwörtliche Athenische Ironie gewesen zu sein, da derselbe Aelianus XII, 49 erwähnt dass auch Phokion, nachdem er den Schierling getrunken, seinen Sohn noch dringend ermahnt habe, nicht auf Rache zu sinnen dieses Freundschaftsbechers wegen.

[294] Platons Apol. p. 90, 14: ἔτη γεγονὼς πλείω ἑβδομήκοντα.

[295] Marmor Parium 80 und Diogenes L. II, 55.

[296] Platon Sympos. p. 464, 19: μηδενὶ ἀνθρώπων ὅμοιον εἶναι, μήτε τῶν παλαιῶν μήτε τῶν νῦν ὄντων und p. 465, 5: οὐδ' ἐγγὺς ἂν εὕροι τις ζητῶν, οὔτε τῶν νῦν οὔτε τῶν παλαιῶν. Und Xenophon

innerlich gross und doch so echt menschlich, dass
ich glaube es wird *keinen* wolgearteten Menschen geben, der auch heute, nach mehr als zwei Jahrtau-
senden, den Platonischen Phaedon lesen kann, ohne
sich im Innersten ergriffen, erschüttert, gereinigt, erhoben und gestärkt zu fühlen. Wahrhaftig er starb
wie ein heiliger Mensch: als er fast schon den Todesbecher in der Hand hielt, sprach er noch *so,* dass
er nicht zum Tode sondern empor in den Himmel
geführt zu werden schien [297].

Kaum aber war Sokrates in den Tod gegangen,
als die Athener bereuten was sie ihm zugefügt hatten,
und zum Zeichen allgemeiner Trauer die Palaestren
und Gymnasien schlossen [298]. Ja es wird erzählt dass,
als in dieser Zeit der Euripideische Palamedes auf-
geführt wurde (das Schicksal eines Helden, auf welches als dem seinigen ähnlich Sokrates selbst vor sei-

---

Mem. IV, 8, 2: ὁμολογεῖται γὰρ οὐδένα πώποτε τῶν μνημονευο-
μένων ἀνθρώπων κάλλιον θάνατον ἐνεγκεῖν, und ebenso Aristoteles Analytica post. II, 13 p. 97, B, 21 f., welcher es als die
charakteristische Eigenschaft eines hochherzigen Mannes betrachtet,
dass er wie Sokrates im Glücke wie im Unglücke den Gleichmuth
der Seele bewahre. Vergl. Caecilius Balbus De nugis philosopho-
rum 8 p. 14: Socrates negat sapientem posse offendi, sed adver-
sus omnem fortunam robore virtutis suae manere immobilem: hoc
enim est praecipuum, erigere animum super minas et promissa et
fortuita. Vergl. Diogenes L. VI, 11.

[297] Cicero Tusc. I, 29, 71: quum paene in manu jam mortiferum
illud teneret poculum, locutus ita est ut non ad mortem trudi,
verum in caelum videretur ascendere.

[298] Diodorus XIV, 37. Diogenes L. II, 43: ὁ μὲν οὖν ἐξ ἀνθρώπων
ἦν. Ἀθηναῖοι δ᾽ εὐθὺς μετέγνωσαν, ὥστε κλεῖσαι καὶ παλαίστρας
καὶ γυμνάσια.

nen Richtern sich berufen hatte)[299], und in dieser
Tragoedie der Chor die Verse sang: „getödtet habt
ihr, getödtet ihr Danaer die wahrhaft weise schuld-
lose Nachtigall der Musen, den besten der Hellenen
(ἐκάνετε ἐκάνετε τὰν πάνσοφον, ὦ Δαναοί, τὰν οὐδὲν
ἀλγύνουσαν ἀηδονα Μουσᾶν, τῶν Ἑλλάνων τὸν ἄριστον): da hätten Alle diese Worte auf den Sokrates
gedeutet, und sei die ganze Versammlung in Thränen
ausgebrochen[300]. Auch wird glaubhaftig uns berichtet, dass die Ankläger des Sokrates, verachtet und
verflucht von allen, zuletzt sich selbst erhenkt hätten[301]. Dem Sokrates aber wurde zwei Menschenalter später eine von Lysippos gemachte Erzstatue errichtet[302]; ja noch im vierten Jahrhundert unserer
Aera zeigte man in Athen eine Sokratescapelle (Σωκρα-
τεῖον) und in ihrer Nähe eine frische Wasserquelle[303].

Ein muhammedanischer Theologe des Mittelal-

---

[299] S. oben Anm. 275.

[300] Euripidis Palamedes Fr. 8 p. 249 Matth. bei Philostratus Heroica
p. 718, Tzetzes zu Lykophron 384 p. 47 Potter, Diogenes L. II,
44 und die Griechische Hypothesis zu Isocratis Busiris p. 247
Bekker. Vergl. Boeckh De Graecae trag. princ. p. 185 und Wel-
ckers Griech. Tragoedien p. 505 ff. Eine Anspielung auf jene
Nachtigall, deren Stimme verstummt sei, findet sich auch bei Libanius III p. 63, 16: ἔρημον τὸ ἄστυ τῆς ἐκείνου φωνῆς ὥσπερ
τινὸς ἀηδόνος.

[301] Plutarchus Mor. p. 538, A. Vergl. Diodorus XIV, 37. Xenophons
Hist. Gr. I, 7, 35 und Themistius Orat. XX p. 293, 22 ff.

[302] Diogenes L. II, 43. Da Sokrates im J. 399 starb, Lysippus aber
nach Plinius 34, 8, 51 in der 113. Olympiade (um 238 vor Chr.)
blühte, so kann die Statue erst zwei Menschenalter nach Sokrates
Tode errichtet worden sein.

[303] Marinus v. Procli 10.

ters schreibt dem Sokrates selbst folgendes sinnreiche Gleichnis zu: als die Athener ihn zum Tode verurtheilt, habe er zu ihnen gesprochen, „ich bin wie in einem Wasserkruge, und: euch ist nur die Macht gegeben, den Krug zu zerbrechen; ihr werdet das thun, und das Wasser wird dann zum Meere heimkehren"[304], meine Seele zu Gott. Ich möchte das Gleichnis noch dahin erweitern dass, als die Athener den Krug zerbrochen, sie dadurch nichts gewonnen haben als dass nun das Wasser ihnen selbst über die Hände lief d. h. dass sein Blut, sein entbundener Geist über sie selbst gekommen ist: indem sie die Form, das irdische Gefäss zerbrachen, machten sie dadurch den göttlichen Inhalt nur freier, selbst mitwirkend zu dem was sie selbst verhindern wollten. Das Leben ausgezeichneter Menschen beschränkt sich nicht auf die Tage in denen sie athmen, sondern umfasst die Zeit in welcher sie wirken; und so darf man sagen, dass von des Sokrates Leben der schönere und bessere Theil mit seinem Tode anfängt[305]. Ja das ist, wie Hegel sagt, die Stellung der Heroen in der Weltgeschichte überhaupt: sie erscheinen als gewaltsam die Geseze verlezend, und finden individuell ihren Untergang; das Princip selbst aber welches sie erfüllt, dringt wenn gleich in anderer Gestalt dennoch durch, untergräbt die vorhandene, und erzeugt aus ihren Trümmern eine bessere Gestalt des Lebens[306]. Sokrates hat die Ethik nicht

---

[304] A. M. asch-Scharastani, Religionsparteien und Philosophenschulen II p. 114.

[305] F. Delbrück, Sokrates p. 38.

[306] Hegel, Geschichte der Philosophie II. p. 120.

bloss in die Philosophie [307], sondern in das Leben eingeführt und ist für sie gestorben; er *musste* fallen
durch das Athenische Staatsgesez; er *sollte* aber auch
fallen nach dem höchsten und weisesten Willen des
Weltenlenkers, und das ist unsere Beruhigung [308]. Allerdings ist er mit Wissen und Willen über sein Volk
und seine Zeit hinausgegangen, und hat die sittlichen
Principien die er an sich selbst dargestellt hatte, auch
für andere geltend gemacht: Ideen, die theilweise zu
verwirklichen erst einer viel späteren Zeit vorbehalten
war; denn vollständig realisirt im Leben der Menschen sind sie auch heute noch *nicht*. Sokrates selbst
bezeichnete sich darum gerne als einen Weltbürger,
κόσμιος, *mundanus:* er sei nicht sowol ein Athener,
ja nicht einmal ein Grieche, sondern ein Weltbürger [309].
Hiemit hatte er die Schranken des Griechenthums
durchbrochen, und durch seinen Tod für immer be-
siegelt, dass der Mensch *über* dem Bürger stehe, und
dass des Menschen *Geist* seiner Natur nach frei sei
von aller nationalen und zeitlichen Beschränkung. Die
Reden seiner Gegner, der bewunderten Sophisten, sind
längst verklungen und kaum ihre Namen sind erhal-
ten; die Reden des Sokrates aber sind geblieben und
werden bleiben für alle Zeiten, obgleich er selbst nichts
geschrieben, nichts hinterlassen hat, keine Schrift,

---

[307] Diogenes L. III, 56. Sextus Emp. XI, 2.

[308] Th. Heinsius, Sokrates nach dem Grade seiner Schuld p. 59.

[309] Cicero Tusc. V, 37, 108: Socrates quum rogaretur, cuiatem se
esse diceret, Mundanum, inquit. totius enim mundi se incolam et
civem arbitrabatur. Plutarchus Mor. p. 600, F: ὁ Σωκράτης,
οὐκ Ἀθηναῖος οὐδὲ Ἕλλην ἀλλὰ κόσμιος εἶναι φήσας, und ebenso
Arrianus Epist. I, 9, 1.

kein Testament[310], ausser dem seines Lebens: zum
unwidersprechlichen Beweise dass nichts untergeht
was seiner Natur nach ewig, aus dem Urborn des
menschlichen Geistes geboren, ein ewiges Besizthum
der Menschheit ist.

Indem ich es nunmehr unternehme, nach So-
kratischer Weise die Rede von neuem beginnend er-
gänzend und abschliessend, den Heros den ich geschildert mit dem höchsten aller Heroen, mit Jesus
Christus zu vergleichen, bin ich mir wol bewusst dass
ich damit manchen meiner Zeitgenossen vielleicht ein
Ärgernis gebe. Mögen sie mich wenn sie können
mit Ernst und Strenge widerlegen; gegen die Pfeile
des Unverstandes, des Neides und Hasses bin ich
abgehärtet. Die Christen der ersten Jahrhunderte, die
Väter der Kirche, waren in solchen Vergleichungen
unbefangener, auch einige unter den Neuern, und
ihnen werde ich folgen[311].

---

310 Dion Chrysost. Orat. 54 p. 281, 35: ἀλλὰ δὴ τῶν μὲν θαυμα-
ζομένων ἐκείνων σοφιστῶν ἐκλελοίπασιν οἱ λόγοι, καὶ οὐδὲν ἢ
τὰ ὀνόματα μόνον ἐστίν· οἱ δὲ τοῦ Σωκράτους οὐκ οἶδ᾽ ὅπως
διαμένουσι καὶ διαμενοῦσι, τὸν ἅπαντα χρόνον· τούτου μὲν αὐτοῦ
μηδὲν γράψαντος ἢ καταλιπόντος, οὔτε σύγγραμμα οὔτε διαθήκας.

311 Justinus Martyr Apol. I, 46. II, 8. 10. 13, womit zu vergl. Augustinus De civ. dei XVIII, 47. Buch des Kabus 28 p. 602; unter
den Neueren Marsilius Ficinus Op. I, 667: Socrates Christum
vitae auctorem adumbratione praesignavit. Symphorianus Champe-
rius, Religionis christianae ex gentilium argumentis comprobatio
fol. 3: Socrates complura quae Christo postea evenerunt, adumbratione quadam praesignavit, et vaticinio insuper ingenito est
vaticinatus. Ferner Hamann II p. 17. 42. 49. F. Delbrück, So-

Es versteht sich von selbst dass es hiebei nicht
meine Absicht sein könne, den Menschen Sokrates
dem Gottmenschen Christus, die göttliche Stimme in
dem einen dem göttlichen Logos im andern, den Sohn
des Sophroniskos dem Sohne Gottes gleichstellen. zu
wollen. Auch ich glaube dass das Verhältnis der göttlichen Stimme zu der menschlichen Seele des Sokrates
ein formell weniger klares und ein substanziell weniger
inniges gewesen ist, als jenes des göttlichen Logos
zu dem menschlichen Geiste in Christus. Wol aber
ist es erlaubt, ja aufs unzweideutigste indicirt, den
Sohn der Phaenarete mit dem Sohne der Maria, den
Menschen Sokrates mit dem Menschen Jesus Christus [312]
ernsthaft zu vergleichen, und zu zeigen: dass wenn
das System der typischen Theologie d. h. die Lehre
dass es vorbildliche Persönlichkeiten zu der höchsten
des Menschensohnes gebe, überhaupt zulässig ist, *hier*
wenn irgendwo ein echtes Vorbild Christi klar erkenn-
bar ist. Ich meinestheils bezweifele auch nicht dass,
wie die ganze Vergangenheit ihrer Natur nach eine
Vorerscheinung der Gegenwart, und diese der Zukunft ist: es ebendarum auch *in* der Vergangenheit
Persönlichkeiten geben müsse, welche als Vorerschein-
ungen künftiger Personen aufgefasst werden können;
um so mehr da *alle* in lezter Instanz Kinder *eines*
Vaters, also substanziell verwandt sind.

Was nun zuerst die Jugendgeschichte beider Männer betrifft, so wissen wir leider von der des Heilan-

---

krates p. 14. Chr. Baur, Das Christliche des Platonismus, Tü-
bingen 1837.
[312] Paulus Ad Timotheum I, 2, 5.

des viel zu wenig, als dass in Bezug auf *sie* eine Vergleichung sich durchführen liesse. Einige Anhalts-
punkte jedoch finden sich. Der eine war eines Bildhauers Sohn, der andere galt für den eines Zimmer-
mannes, beide gehörten sonach von Geburt nicht dem
Stande der Gelehrten, sondern dem der Künstler und
Handwerker an. Der Name des Sokrates, Σωκράτης,
hat dieselbe Wurzel wie σωτήρ, und bezeichnet einen
Heilkräftigen: ganz wie der Name Jesus, Ἰησοῦς, mit
ἴασις *Heilung* zusammenhängt[313]. Beide Männer tra-
gen sonach ihren Charakter und ihre Bedeutung in
ihrem Namen. Bei der Geburt Christi sind Magier
aus dem Morgenlande gekommen ihn anzubeten[314];
dem Sokrates soll ein Magier, der aus Syrien nach
Athen gekommen war, seinen gewaltsamen Tod vorausgesagt haben[315]. Auch die Art wie beide ihre Jünger beriefen, zeigt auffallende Ähnlichkeiten. Als Jesus zum Galilaeischen Meere kam, fand er zwei Brü-
der, Simon und Andreas, die ihre Netze auswarfen
um Fische zu fangen, und sprach zu ihnen: folget *mir*
nach, ich will euch zu Menschenfischern machen; und
alsbald verliessen sie ihre Netze und folgten ihm

---

[313] Die Adjective σόος, σῶος, σῶς *heil gesund,* und ἰήϊος *der heilende,*
sind Beinamen des Heilgottes Apollon: Macrobius Sat. I, 17.
Vergl. meine Studien p. 256 und p. 491 f.

[314] Matthaeus 2, 1.

[315] Diogenes L. II, 45: φησὶ δ' Ἀριστοτέλης μάγον τινὰ ἐλθόντα ἐκ
Συρίας εἰς Ἀθήνας τά τε ἄλλα καταγνῶναι τοῦ Σωκράτους καὶ
δὴ καὶ βίαιον ἔσεσθαι τὴν τελευτὴν αὐτῷ. Auch beim Tode
Platons waren zufällig Magier in Athen und opferten ihm, da sie
ihn für ein übermenschliches Wesen hielten: Seneca Epist. 58, 31.

nach [316]. Als Sokrates einst durch die Strassen Athens
ging, und in einer engen Gasse den Xenophon begegnete, versperrte er diesem durch Vorhaltung seines
Stockes den Weg mit der Frage, wo hier diese und
jene gute Lebensmittel zu kaufen wären? und als ihm
Xenophon dieses beantwortet hatte, frug er ihn weiter:
weisst du auch wo hier edele und gute Menschen gebildet werden? Und als dem Jünglinge hierauf das
Blut in die Wangen stieg, sagte Sokrates: folge mir
und lerne es, ἕπου τοίνυν καὶ μάνθανε. Und von der
Stunde an ward Xenophon sein treuer Zuhörer [317].
Und ebenso auffallend erinnert Nikodemus der aus
Menschenfurcht Nachts zu Christus kam um den
Meister zu hören [318], an Eukleides der mit Lebensge-
fahr zur Nachtzeit von Megara nach Athen ging um
den Sokrates zu hören [319]. Ja auch das öffentliche Auf-
treten und die ganze volksthümliche Lehrart beider
stehen einander sehr nahe. Wie Christus am See, am
Jakobsbrunnen, im Tempel und in der Halle Salomons
lehrte [320], so Sokrates auf dem Markte, im Lykeion,
im Kynosarges, in der Halle Zeus des Befreiers (Ζεὺς
ἐλευθέριος) [321]: beide in den einfachsten Gleichnissen
und Sinnsprüchen die grössten Wahrheiten lehrend;
wie es ja überall das sicherste Zeichen des Genius
ist, das Erhabenste als etwas ihm homogenes einfach
darzustellen. Beide Männer waren ebendarum auch

---

[316] Matthaeus 4, 18 ff. Johannes 1, 37 ff. — [317] Diogenes L. II, 48.
[318] Johannes 3, 1. 19, 39. — [319] Gellius VI, 10.
[320] Johannes 10, 23. 18, 20. —
[321] Platon im Euthydemus init. und im Symposion extr.; Axiochus
　　　p. 507, 1. 516, 22; Theages init. und Eryxias p. 545, 1.

Freunde der Kinder und liebten es selbst mit ihnen
zu spielen, der eine freilich im eigenen Hause[322], der
andere in dem grösseren seines Vaters, als Freund
und Lehrer von allen[323].

Und ebenso haben gleicherweise beide mehr noch
durch ihr *Leben* als durch ihre *Lehre* gewirkt, vorzugsweise auf sittliche Besserung dringend, und was
sie lehrten auch übend, strenger gegen sich selbst als
gegen andere[324]. Sokrates sagte wiederholt, er lehre
nicht sowol durch Worte als vielmehr durch Werke[325];
und bei Christus waren ja im praegnantesten Sinne
Leben Lehre und Werke identisch. Beide lehrten
durch Wort und That dass man die reine Wahrheit
nur mit reiner Seele zu begreifen vermöge, indem es
dem Nicht-Reinen durchaus nicht gestattet sei das
Reine zu erfassen[326]; so dass wer sich zu dem Göttlichen erheben und die Urgründe der Dinge erkennen wolle, zuerst und vor allem seine Seele reinigen
müsse von den Leidenschaften[327]. Wie ja überhaupt

[322] Aelianus Var. XII, 15. Seneca De tranq. 17, 4. Valerius Maximus VIII, 8 ext. 1 und aus ihm Johannes Saresberiensis im Po-
licraticus VIII, 12 p. 516. 517.

[323] Matthaeus 19, 13 ff. Marcus 10, 13 ff.

[324] Socrates bei Caecilius Balbus De nugis philos. p. 18: alteri saepe
ignoscito, tibi nunquam. minus dicito quam facias.

[325] Xenophon Mem. I, 5, 6: τοιαῦτα λέγων, ὅτι ἐγκρατέστερον τοῖς
ἔργοις ἢ τοῖς λόγοις ἑαυτὸν ἐπεδείκνυεν. IV, 4, 10: οὐ λόγῳ
ἀλλ' ἔργῳ ἀποδείκνυμαι. Seneca Epist. 6, 6: Plato plus ex moribus quam ex verbis Socratis traxit.

[326] Platons Phaedon p. 23, 7 und daraus Synesius p. 50, A: μὴ
καθαρῷ γὰρ καθαροῦ ἐφάπτεσθαι μὴ οὐ θεμιτόν. Matthaeus
5, 8: μακάριοι οἱ καθαροὶ τῇ καρδίᾳ· ὅτι αὐτοὶ τὸν θεὸν ὄψονται.

[327] Augustinus C. D. VIII, 3: causas rerum primas atque summas

alle echten Weisen aller Zeiten an die Spitze aller
übrigen die grosse Wahrheit stellen: „durch Herzens-
reinheit erhebe dich, durch Reinheit erwirb dir das
Reine, denn das rechte Handeln ist die Vorstufe zu
der rechten Erkenntnis" [328]. Wunderkräftig, in dem
Sinne wie Christus, war Sokrates allerdings nicht; aber
etwas von den magischen Kräften die jenem natürlich
waren, findet sich in denkwürdiger Weise auch bei
diesem. Von Christus wird erzählt, ein krankes blut-
flüssiges Weib habe einst den Saum seines Kleides
berührt und sei genesen, indem eine Kraft von ihm
ausging durch die Berührung [329]; und von Sokrates
bezeugt Aristides folgendes: gelernt, sagt er, habe
ich niemals etwas von ihm, innere Fortschritte aber
habe ich gemacht so oft ich bei ihm gewesen bin,
wenn auch nur in *einem* Hause mit ihm, mehr aber
wenn auch in *einem* Zimmer, noch mehr wenn ich
ihn ansah, und am meisten und besten fühlte ich mich
gefördert, wenn ich neben ihm sass und ihn be-
rührte [330]. Ebenso haben beide Männer gegen die herschende Sitte zuweilen mit Personen verkehrt, deren
ganze Sinnesart der ihrigen sehr fremd war. Wie
Christus einst mit einer buhlerischen Samaritanerin

---

nonnisi mundata mente posse comprehendi. Vergl. die Worte
Christi bei Matthaeus 5, 8 und Johannes 7, 17 und meine Studien p. 472.

[328] Gregorius Naz. Or. IV, 113 p. 140, A. XX, 12 p. 383, C. D:
διὰ πολιτείας (vergl. über diesen Sprachgebrauch des Wortes
πολιτεία = integritas vitae Orat. IV, 114 p. 140, C) ἄνελθε, διὰ
καθάρσεως κτῆσαι τὸ καθαρόν.. πρᾶξις γὰρ ἐπίβασις θεωρίας;.

[329] Marcus 5, 25 ff. Lucas 6, 19. 8, 43 ff.

[330] Platon im Theages p. 279 f. Vergl. Symposion p. 375 f.

am Jakobsbrunnen sich unterredet und ihr seine göttliche Natur enthüllt hat[331]: so besuchte Sokrates einst
die schöne Hetaere Theodota, und lehrte sie mit gewohnter Ironie wie sie am besten die Männer gewin-
nen könne[332]. Wird doch auch die Sonne dadurch
nicht befleckt dass sie über Gute und Böse, über reine
und unreine Wasser scheinet.

· Auch in den Lehren beider findet sich einiges
was überraschend ähnlich ist. Dem Sokrates wird
im Gegensaz zu der Maxime des ganzen Alterthums:
dass es gerecht sei jedem zu geben was ihm gebühre,
dem Freunde Gutes, dem Feinde Böses[333]; die Feinde
im schaden, die Freunde im wolthun zu übertref-
fen[334]: einstimmig der Saz zugeschrieben: den Freunden Gutes zu thun, und die Feinde zu Freunden zu
machen[335]; lieber Unrecht zu leiden als Unrecht zu

---

331 Johannes 4, 5 ff.

332 Xenophon Mem. III, 11. Diese Vergleichung verdanke ich Zeller,
Die Philosophie der Griechen II p. 38.

333 Hesiodus Op. 353 ff. 709 ff. Archilochus Fr. 67. Solon Fr. 13,
5 f. Theognis 363 f. 1089 f. Simonides Ceus Fr. 191. Pindarus
Pyth. 2, 83 f. Isthm. 3, 66. Aeschylus Prom. 1045 f. Fr. 362.
Sophocles Aj. 79. Oed. C. 228 f. 953. Antig. 641 ff. Euripides im
Jon 1046 f. und Fr. inc. 102 Mth. 66 Dind. Platon im Menon
p. 327, 20. De rep. I p. 17. 18. Xenophon Ages. 11, 12. Mem.
II, 6, 35. Isocrates ad Demonicum §. 26. Welcker kleine Schr.
II p. 432 f.

334 Xenophon Mem. II, 3, 14.

335 Plutarchus Mor. p. 218, A und Themistius Orat. VII p. 113:
τοὺς μὲν φίλους εὐεργετεῖν, τοὺς δὲ ἐχθροὺς φίλους ποιεῖν:
ein Spruch der übrigens auch dem Lindier Kleobulos bei Suidas
v. Κλεόβουλος p. 278, 14 f. und dem Pythagoras bei Diogenes
L. VIII, 23 zugeschrieben wird. Vergl. auch den angeblichen

thun [336], ja lezteres unter keiner Voraussezung, auch
denen nicht von welchen man selbst Unrecht erlitten
hat [337]. Noch *ein* Schritt weiter, oder vielmehr nur
die Consequenz dieses Sazes gezogen, und wir sind
bei der Feindesliebe die Christus befiehlt [338]. Ebenso
sprachen beide Männer fast mit denselben Worten die
grosse Wahrheit aus und bewährten sie durch ihr Leben: man müsse im Conflicte verschiedenartiger An-
forderungen und Pflichten Gott mehr gehorchen als
den Menschen, auch wenn die Erfüllung dieses Grundsazes das zeitliche Leben koste [339]. Und ebenso lassen eine ganze Reihe von Aussprüchen Christi sich
auch auf Sokrates anwenden. Wie Christus von sich
sagte: die Welt hasset mich, weil ich von ihr zeuge

Spruch des Hermes bei A. M. asch-Scharastani R. und Ph. II
p. 66: zu den vorzüglichsten Handlungen der Weisen gehören
dreierlei: die Umwandelung des Feindes in einen Freund, des
Unwissenden in einen Wissenden, des Gottlosen in einen Gottes-
fürchtigen.

[336] Platon im Gorgias p. 49, 15 ff. 135, 1 ff. 171, 11: ὡς εὐλαβη-
τέον ἐστὶ τὸ ἀδικεῖν μᾶλλον ἢ τὸ ἀδικεῖσθαι. Vergl. Epist. VII
p. 448, 6 ff.

[337] Platon im Kriton p. 156, 17 ff. 157, 7 oben Anm. 284.

[338] Matthaeus 5, 44. Lucas 6, 35. Auch in Holtzmanns Indischen
Sagen I p. 266 begegnet der Spruch: „die Guten lieben auch, wo
sie ihn treffen, ihren Feind.“

[339] Platon Apol. p. 115, 12: πείσομαι δὲ μᾶλλον τῷ θεῷ ἢ ὑμῖν.
De rep. X p. 467, 5 (angeführt auch von Justinus Martyr Apol.
II, 3 p. 91, B): ἀλλ' οὐ γὰρ πρό γε τῆς ἀληθείας τιμητέος ἀνήρ,
niemals müsse man einen Menschen mehr ehren als die Wahrheit.
Vergl. auch Sophocles Antig. 450 ff. und dazu Philostratus v.
Apoll. IV, 38 und den bekannten neutest. Ausspruch Christi
durch den Mund der Apostel Petrus und Johannes in der Apostel-
geschichte 4, 19. 5, 29.

dass ihre Werke böse sind[340]; so konnte auch Sokrates
von den Athenern sagen: ihr hasset mich weil ich euch
beweise dass euer ganzes Staatswesen thöricht ist[341].
Wie Christus bezeugte, er suche nicht *seine* Ehre,
sondern die Ehre Gottes der ihn gesandt habe[342]; so
durfte auch Sokrates sagen, er suche nicht seine Ehre,
sondern die des Apollon, dessen Wort er wahrmachen
müsse[343]. Auch er konnte sagen, dass er die Wahrheit erkannt und dass diese Erkenntnis ihn frei gemacht habe[344]; dass die Athener dagegen seine Sprache
nicht verstanden haben, und ebendarum auch seine
Worte nicht zu ertragen vermochten[345].

Ja auch die ganze Macht der Persönlichkeit beider Männer und ihre unwiderstehliche Redekraft wird
fast mit denselben Worten bezeugt. Aristoxenos versichert, es sei ihm niemals einer vorgekommen der eine
solche Überredungskraft besessen habe wie Sokrates,
und der an Stimme und Mund und in der ganzen Er-
scheinung und Eigenthümlichkeit seines Wesens ihm
gleichgekommen wäre, besonders wenn er ruhig und
nicht zornig gewesen[346]; und ebenso bezeugt Alkibiades
bei Platon: „der ganze Mensch sei wie eine zum auf-
schliessen gemachte Silenosstatue, von aussen unschön
und rauh, von innen aber das gerade Gegentheil, in
einer schlechten Schale der edelste Kern. Auch seine
Reden erschienen anfangs fast lächerlich und gemein,

---

340 Johannes 7, 7. — 341 S. oben p. 54 ff. — 342 Johannes 7, 18.
343 Platon Apol. p. 97 ff. besonders p. 99, 10 ff.
344 Johannes 8, 32. — 345 Johannes 8, 43.
346 Aristoxenus Fr. 28 bei Cyrillus c. Julian. VI p. 185, C und bei
    Theodoretus De Gr. aff. 12, 62.

wie in ein Satyrfell eingehüllt; wer aber das Inwendige betrachte, der finde dass *sie allein* Vernunft in
sich haben und ganz göttlich seien (νοῦν ἔχοντας
ἔνδον μόνους εὑρήσει καὶ θειοτάτους)[347]: ganz wie auch
Christus im Gegensaz zu den Pharisäern lehrt, nicht
das Auswendige sondern das Inwendige sei beim Menschen und in allen Dingen die Hauptsache, und nicht
in Äusserlichkeiten sondern nur im Innern des Menschen sei das Reich Gottes zu finden[348]. *Im reden*
ferner sagt Alkibiades bei Platon von Sokrates, *besiegt er alle Menschen* (νικῶντα ἐν λόγοις πάντας ἀνθρώπους)[349], ja bei seinen Reden pocht mir das Herz
und sie pressen mir Thränen aus, und ich glaube es
lohne sich nicht zu leben wenn ich so bliebe wie ich
bin d. h. wenn ich ihnen nicht folge (ἥ τε καρδία
πηδᾷ καὶ δάκρυα ἐκχεῖται ὑπὸ τῶν λόγων τῶν τούτου.
ὥς τέ μοι δόξαι μὴ βιωτὸν εἶναι ἔχοντι ὡς ἔχω)[350];
ganz wie von Christus seine Jünger sagen: er habe
Worte des ewigen Lebens[351], darin eine göttliche Kraft
sei, die jeden der sie vernehme mächtig ergreife[352]; ja
unser Herz brannte in uns da er mit uns redete,
ἡ καρδία ἡμῶν καιομένη ἦν ἐν ἡμῖν ὡς ἐλάλει ἡμῖν[353].
Haben doch selbst die Knechte der Pharisäer und
Hohenpriester von ihm gesagt „kein Mensch habe je
so geredet wie dieser" οὐδέποτε ἐλάλησεν οὕτως ἄνθρωπος ὡς οὗτος ὁ ἄνθρωπος[354]. Die Ähnlichkeit die-

---

[347] Platon Sympos. p. 465, 10 ff.
[348] Matthaeus 23, 25 ff. Lucas 11, 39 f. 17, 20 f.
[349] Platon Sympos. p. 449, 16. — [350] Sympos. p. 453, 16 ff.
[351] Johannes 6, 63. 68. — [352] Matthaeus 7, 28 f. Marcus 1, 22.
[353] Lucas 24, 32. 45. — [354] Johannes 7, 46.

ser Stellen ist so auffallend, dass man fast vermuthen
sollte, Lucas und Johannes haben den Platon gelesen.

Auch die vielbesprochene Ironie des Sokrates bildet höchst merkwürdig sowol einen Gegensaz als eine
Parallele zu dem heiligen Ernste Christi. Dieser war
selbst *der Heilige*, darum sprach er auch von dem
Heiligen wie von etwas ihm natürlichen[355]; Sokrates
aber unterschied sehr wol sich selbst von der ihm
beiwohnenden göttlichen Stimme, und konnte darum
wenn er sprach, nicht anders sprechen als mit einer
gewissen Ironie; die eben aus einem solchen Verhältnis der inneren Duplicität des Bewusstseins nothwendig hervorgeht[356]. Ich will dies an einem Beispiele
zeigen welches, obgleich eine Kleinigkeit, den Unterschied beider charakteristisch darthut. Sokrates be-
kam einmal von einem unverschämten Menschen auf
offener Strasse eine Ohrfeige, und erwiderte darauf
ironisch: „es sei ärgerlich dass der Mensch nicht wisse
wann er mit einem Helme versehen ausgehen solle!“
wozu Seneca die Bemerkung macht, dass es bei solchen Unbilden nicht darauf ankomme wie sie began-
gen, sondern wie sie ertragen würden[357]. Als Christus etwas ähnliches erfuhr, erwiderte er nicht ironisch

---

[355] Act. 3, 14: ὁ ἅγιος καὶ δίκαιος. Vergl. Pascal, Pensées pref.
   p. 27 f. II, 10, 4 p. 92.

[356] Vergl. oben p. 23 f.

[357] Seneca De ira III, 11, 2: Socratem aiunt colapho percussum nihil
   amplius dixisse quam „molestum esse, quod nescirent homines,
   quando cum galea prodire deberent.“ Non quemadmodum facta
   sit injuria refert, sed quemadmodum lata. Vergl. Basilius tom. II
   p. 179, B und Caesarius Dial. IV, 192 bei Gallandi IV p. 145, A.

sondern mit heiligem Ernste: „wenn ich übel geredet habe, so beweise es; habe ich aber recht geredet,
warum schlägst du mich?"[358] Ganz aber fehlt die
Ironie, die bei Sokrates so stark hervortritt, auch bei
Christus nicht; die Apokryphen enthalten darüber
manches, was mir vollkommen echt erscheint. Ara-
bische Schriftsteller führen als Ausspruch Christi folgendes an: „ich habe Blinde sehend und Aussäzige
gesund gemacht; die Dummen aber zu heilen war ich
nicht im Stande"[359]: was ganz an die Sokratische Lehre
von der Ausbildung der rechten Erkenntnis, und dass
alles Böse auf Unwissenheit beruhe, erinnert[360]. Eine
von Johannes erzählte Unterredung Christi mit Pilatus lautet also: „da sprach Pilatus zu ihm: so bist
du dennoch ein König? Jesus antwortete: du sagst
es, ich bin ein König, dazu geboren und in die Welt
gekommen, der Wahrheit Zeugnis zu geben; wer aus
der Wahrheit ist, der hört meine Stimme. Spricht
Pilatus zu ihm: was ist Wahrheit? und wandte sich
um und ging hinaus"[361]. In den apokryphischen
Acten des Pilatus aber wird der Schluss dieser Unterredung also berichtet: „spricht Pilatus was ist
Wahrheit? Jesus aber antwortete ihm: die Wahrheit
ist vom Himmel. Darauf jener: also ist auf Erden
keine Wahrheit? antwortet Jesus: *ich* bin die Wahrheit, und *du* siehst wie diese auf Erden verurtheilt

---

[358] Johannes 18, 23.

[359] Orelli's Opuscula veterum sententiosa II p. 518: dictum Messiae
filii Mariae: curavi caecos et leprosos sanavi, sed stultis meden-
dis impar fui.

[360] Vergl. oben p. 45 f. — [361] Johannes 18, 37 f.

wird von denen die hier Gewalt haben"[362]. Das ist
echt Sokratische Ironie, die gewiss auch Christus nicht
fremd war; obgleich sie in den abgekürzten Erzäh-
lungen unserer Evangelien übergangen wird, als nicht
zu den kirchlichen Zwecken passend für welche sie
geschrieben sind.

Am wunderbarsten aber tritt uns diese Ähnlichkeit beider Männer in allen dem entgegen, was sich
auf ihre lezten Lebensschicksale bezieht: hier entspre-
chen sich fast Zug für Zug.

Wie Christus in Jerusalem von den Pharisäern
verfolgt und angeklagt wurde, den heuchlerischen Ze-
loten für das altgläubige Judenthum; so Sokrates von
den Demokraten Athens, welche in ähnlicher Weise
für die alte Volksreligion und Staatsverfassung eifer-
ten: wie die einen dem Herrn vorwarfen, er verführe
das Volk[363], so die andern dem Sokrates, er verderbe
die Jugend: hier wie dort und zu allen Zeiten sind
es die Gesezeseiferer, welche den Trägern der neuen
besseren Lehre feindselig sich widersezen[364]. Und
ebenso lässt sich das von Platon geschilderte Symposion mit dem Liebesmahle Christi und seiner Jün-

---

[362] Acta Pilati in Tischendorfs Evangelia apocrypha p. 219. 278:
λέγει ὁ Πιλᾶτος τί ἐστιν ἡ ἀλήθεια; ἀπεκρίθη ὁ Ἰησοῦς Ἡ
ἀλήθειά ἐστιν ἐκ τῶν οὐρανῶν. λέγει ὁ Πιλᾶτος Ἐν τῇ γῇ δὲ
οὐκ ἔστιν ἀλήθεια; λέγει ὁ Χριστός Ἐγώ εἰμι ἡ ἀλήθεια· καὶ
πῶς ἐν τῇ γῇ κρίνεται ἡ ἀλήθεια παρὰ τῶν ἐχόντων γῆϊνην
ἐξουσίαν; und p. 328; dicit ei Pilatus Quid est veritas? dicit
Jesus Veritas de coelo est. dicit Pilatus In terris veritas non est?
dicit Jesus Pilato. intende veritatem dicentes quemodo judicantur
ab his qui potestatem habent in terris.

[363] Johannes 7, 12. — [364] Vergl. Platons Politicus p. 327, 9 ff.

ger vergleichen. Wie hier der Lieblingsjünger des
Herrn, Johannes an der Brust Christi ruht[365]: so sizt
dort Alkibiades an der Seite des Sokrates[366]. Der
Gegensaz zwischen dem sinnlich Schönen und Lie-
derlichen und dem geistig Schönen und Jungfräuli-
chen ist allerdings charakteristisch, aber ganz der bei-
derseitigen Situation entsprechend. Sokrates wird dort
geschildert im Glanze eines hellenischen Festmahles,
von der Liebe begeistert und ihre Geheimnisse lehrend, dass wie sie selbst daemonischer Natur, aus
Göttlichem und Menschlichem gemischt ist, nur durch
sie auch unsere sterbliche Natur an der Unsterblichkeit theilnimmt; während das Liebesmahl Christi ein
Abschiedsmahl ist, bei welchem der Meister in einem
ganz anderen heiligen Kelche der Liebe das Blut der
Rebe zu seinem eigenen weiht, und zu seinem Gedächtnis einsezt, bis sie alle dereinst im Hause des
Vaters das ewige Gastmahl feiern würden[367]. Der
Phaedon dann ist, wie mit Recht bemerkt wurde, die
Ergänzung des Symposion: wie in diesem der Lebens-
becher unter den Freunden kreiste, so steht dort der
Todesbecher im Hintergrunde, und der scheidende
Weise zeigt mit derselben Heiterkeit seinen trauern-
den Freunden, dass das wahre Wesen des Menschen,
seine Seele, unsterblich ist[368]: ganz wie auch Christus in den Abschiedsreden bei Johannes seinen Jüngern alles wiederholt was er als feste ewige Wahrheit in ihnen zurücklassen möchte: „glaubet an Gott

---

[365] Johannes 13, 23 ff. — [366] Platons Symposion p. 448.
[367] Matthaeus 26, 29. — Lucas 22, 29 f.
[368] S. oben Anm. 112. 114.

und an mich, bleibet in mir wie ich in euch, ich bin der Weinstock ihr seid die Reben; wer meine Gebote hält, der ist es der mich liebet: meinen Frieden lasse ich euch"[369].

Als weitere augenscheinliche Parallelen bieten sich dar: dass Christus von einem treulosen Schüler für dreisig Silberlinge verrathen und verkauft wurde[370]: während den Sokrates seine treuen Schüler für dreisig Minen loskaufen wollten[371]; und dass wie der Verräther Judas sich erhenkte (ἀπήγξατο)[372], und auch Pilatus, der den Herrn des Lebens zum Tode verurtheilt, sich später selbst den Tod gegeben[373]: ganz ebenso auch die Ankläger des Sokrates, verachtet und verflucht von allen, zuletzt sich selbst erhenkten (ἀπήγξαντο)[374]; wie es ja oft bemerkt worden ist, dass grosse Missethäter zuletzt das Leben hassen und ihm durch eigene Hand zu entfliehen suchen[375]. Folgen wir weiter dem Gange ihrer Schicksale, so zeigt sich dass auch ihren Richtern gegenüber Sokrates und Christus ganz dieselbe Haltung hatten: an dem einen hebt Cicero den unerschrockenen Freimuth, *liberam contumaciam*[376]; an dem andern Origenes die gross-

---

[369] Johannes 14, 1. 21. 27. 15, 4 f. Die Vergleichung verdanke ich Chr. Baur, Das Christliche des Platonismus p. 109. 116 ff.

[370] Matthaeus 26, 15. — [371] Platons Apol. p. 133.

[372] Matthaeus 27, 5. — [373] Eusebius Hist. eccles. II, 7.

[374] Plutarchus Mor. p. 538, A. Vergl. oben p. 96.

[375] Aristoteles Eth. Nic. IX, 4 p. 1166, B, 11: οἷς δὲ πολλὰ καὶ δεινὰ πέπρακται διὰ τὴν μοχθηρίαν, μισοῦσί τε καὶ φεύγουσι τὸ ζῆν καὶ ἀναιροῦσιν ἑαυτούς. Vergl. meine Studien p. 240.

[376] Cicero Tusc. I, 29, 71. vergl. De orat. I, 54.

müthige Verachtung hervor, μεγαλοφυῶς ὑπερεωρα-
κέναι τοὺς κατηγόρους[377]. Beide bezeugen im Ange-
sichte des Todes dass sie als Märtyrer der Wahrheit
fallen. „Was anderen Menschen für Ehre gilt, sagt
Sokrates, das lasse ich gern fahren, und will der
Wahrheit folgend, die mir über alles geht, in der
That versuchen als der beste zu leben und zu sterben,
und auch *alle* anderen Menschen soviel ich vermag,
hiezu ermahnen"[378]; ganz wie Christus von sich sagte:
„dazu bin ich geboren und dazu in die Welt gekommen, dass ich der Wahrheit Zeugnis gebe[379]. Und
beide bezeugen dann laut, dass ihre Verfolger *sich
selbst* am meisten schadeten. Sokrates sagt: „nicht mir
ist dieser Tod, sondern euch ist er eine Schande[380],
nicht mir füget ihr Schaden zu, sondern euch selbst"[381];
und Christus spricht: „ihr suchet mich zu tödten, mich
einen Menschen der die Wahrheit zu euch gesprochen, die ich von Gott gehört habe[382]; ihr aber, ihr

---

[377] Origenes Adv. Celsum praef. §. 2 tom. I p. 316, A.

[378] Platons Apol. p. 103, 10 ff. 115, 12 ff. und Sokrates im Gorgias
p. 99, 1 f. und p. 170, 11: χαίρειν οὖν ἐάσας τὰς τιμὰς τὰς
τῶν πολλῶν ἀνθρώπων, τὴν ἀλήθειαν σκοπῶν, πειράσομαι τῷ
ὄντι ὡς ἂν δύνωμαι βέλτιστος ὢν καὶ ζῆν καὶ ἐπειδὰν ἀπο-
θνήσκω ἀποθνήσκειν. παρακαλῶ δὲ καὶ τοὺς ἄλλους πάντας ἀνθρώπους.

[379] Johannes 18, 37.

[380] Xenophon Apol. §. 26: οὐ γὰρ ἐμοὶ, ἀλλὰ τοῖς καταγνοῦσι
τοῦτο αἰσχρόν ἐστι.

[381] Platon Apol. p. 117, 8: οὐκ ἐμὲ μείζω βλάψετε ἢ ὑμᾶς αὐτούς
κτλ. Vergl. Plutarchus Mor. p. 475, E wo Sokrates sagt: ὡς
ἀποκτεῖναι μὲν Ἄνυτος καὶ Μέλιτος δύνανται, βλάψαι δὲ οὐ
δύνανται.

[382] Johannes 8. 40. — [383] Lucas 23, 28.

Töchter von Jerusalem, weinet nicht über mich, sondern weinet über euch selbst und euere Kinder"[383].
Ja wie Christus selbst vor seinem Tode. über Jerusalem geweint und ihm vorausgesagt hat dass, weil
es die dargebotene Gnade verkannt und was zu seinem Frieden gedient, von sich gestossen, es zur Strafe
dafür in kurzer Zeit von Feinden umzingelt und dem
Erdboden werde gleichgemacht werden[384]: ganz so
hat auch Sokrates, die Kräfte der Zukunft vorem-
pfindend[385], den Athenern geweissagt, es werde sogleich nach seinem Tode die Strafe über sie kommen,
und eine viel strengere Rechenschaft von ihnen ge-
fordert werden als *er* von ihnen verlangt habe[386].
Und das Makedonische und das Römische Schwert hat
die Worte beider vollstreckt. Ferner, wie Christus
vor seiner Kreuzigung von jüdischen und barbarischen Knechten gegeisselt und verspottet wurde[387];
so auch Sokrates, zwar nicht roh und materiell, sondern wie unter Athenern, fein und geistreich durch die
Komoedienschreiber; deren Stücke, obgleich lange vor
seinem Tode gegeben, doch wie er selbst bezeugt, zu
seiner Verurtheilung wesentlich mitgewirkt haben[388].

Auch das eigenthümliche Fest welches nach der

---

[384] Lucas 19, 41 ff. 21, 5 ff. Matthaeus 23, 37 ff. 24, 1 ff. und
Marcus 13, 1 ff.

[385] Vergl. Hebr. 6, 5: γευσάμενος δυνάμεις μέλλοντος αἰῶνος.

[386] Platon Apol. p. 135, 6 ff.

[387] Matthaeus 26, 67. 27, 27 ff. Marcus 14, 65. 15, 17 ff. Lucas
22, 63 ff. 23, 11. 35 ff. Johannes 19, 2 f.

[388] Platon Apol. p. 93, 13 ff. Es war mein unvergesslicher Lehrer
Schelling, der mich einst auf diese Ähnlichkeit aufmerksam machte.

Verurtheilung beider Männer, in Athen wie in Jerusalem eintrat, ist wie so vieles in dieser Wundergeschichte, ein überraschend ähnlicher Zufall. Dem Sokrates gab die dadurch herbeigeführte Verzögerung seiner Hinrichtung, Gelegenheit mit seinen Freunden bis zum lezten Hauche sich unterreden zu können. Und auch was hier vorging hat seine Parallele in den Abschiedsreden Christi.

Als Sokrates an seinem Sterbetage in Gesprächen über die Unsterblichkeit der Seele den Gedanken ausgesprochen, nunmehr bald von allen menschlichen Übeln erlöst zu werden (ἀπηλλάχϑαι τῶν ἀνϑρωπίνων κακῶν); und dann zwei der Anwesenden, Simmias und Kebes, immer wieder auf das jezige Unglück (τὴν παροῦσαν ξυμφοράν) zurückkamen, in welches er gerathen sei, da erwiderte er mit wehmüthigem Lächeln: „wehe Simmias, wahrlich es wird mir schwer werden die *anderen* Menschen zu überzeugen dass ich mein jeziges Geschick nicht für ein Unglück halte; da ich ja nicht einmal *euch*, meine Freunde, davon überzeugen kann, sondern auch ihr zu fürchten scheint, ich sei jezt weniger zufrieden und mehr gebrochen als in meinem früheren Leben"[389]. Ganz wie auch die Jünger Christi seine Abschiedsreden, in denen er von seinem Heimgange sprach, mit traurigem Herzen aufnahmen[390], und, die ideale Auffas-

---

[389] Platon im Phaedon p. 59, 18: βαβαί, ὦ Σιμμία· ἦ που χαλεπῶς ἂν τοὺς ἄλλους πείσαιμι ἀνϑρώπους ὡς οὐ ξυμφορὰν ἡγοῦμαι τὴν παροῦσαν τύχην, ὅτε γε μηδ' ὑμᾶς δύναμαι πείϑειν, ἀλλὰ φοβεῖσϑε μὴ δυσκολώτερόν τι νῦν διάκειμαι ἢ ἐν τῷ πρόσϑεν βίῳ. — [390] Johannes 16, 5 ff.

sung ihres Meisters wenig verstehend, ganz die irdische geltend machten; so dass auch er mit Weh-
muth einst zu einem der Seinigen sprach: „so lange
Zeit nun bin ich bei euch, und du kennst mich nicht,
Philippus [391]?" Und gleicherweise entspricht eine andere Stelle Platons fast wörtlich einer Johanneischen.
Den Schülern des Sokrates die bis ans Ende bei ihm
ausharrten, war zu Muthe „als wenn sie nun des
Vaters beraubt das übrige Leben als Waise hinbrin-
gen müssten (ἀτεχνῶς ἡγούμενοι ὥς περ πατρὸς στε-
ρηθέντες διάξειν ὀρφανοὶ τὸν ἔπειτα βίον) [392]; und um
dasselbe Gefühl des Verlassenseins zu beschwichtigen,
sagte Jesus zu seinen Jüngern: „ich werde euch nicht
als Waise zurücklassen, οὐκ ἀφήσω ὑμᾶς ὀρφανούς [393]:
Wie ferner der Römische Centurio bei der Kreuzigung Christi, als er den Unschuldigen sterben gesehen
und seine lezten Worte vernommen hatte („Vater in
deine Hände befehle ich meinen Geist"), erschüttert
von der inneren Grösse dessen der hier äusserlich
unterlag, mit soldatischem Freimuth offen bekannte:
„wahrlich dieser Mensch ist Gottes Sohn gewesen" [394];
ganz ebenso bezeugte der Gefängniswärter und Diener der Eilfmänner von dem sterbenden Sokrates:
„dass er der hochherzigste sanfteste und beste unter
allen Menschen gewesen sei, die er je gekannt habe" [395].

---

[391] Johannes 14, 9. vergl. Matthaeus 16, 21 ff.

[392] Platon im Phaedon p. 123, 12. — [393] Johannes 14, 18.

[394] Matthaeus 27, 54. Marcus 15, 39. Lucas 23, 47.

[395] Platons Phaedon p. 124, 4: σὲ ἔγνωκα ἐν τούτῳ τῷ χρόνῳ γεν-
ναιότατον καὶ πραότατον καὶ ἄριστον ὄντα τῶν πώποτε δεῦρο
ἀφικομένων.

Und damit nichts fehle an der vollständigen Parallele zwischen beiden, so wird, der Auferstehung Christi
gegenüber, auch von Sokrates bezeugt, dass er nicht
nur geistig in seinen Jüngern auferstanden sei — Be-
weis hiefür die Schriften Platons, die für immer philosophische Evangelien bleiben — sondern es wird
ausdrücklich berichtet, dass Sokrates nach seinem Tode
dem Chier Kyrsas erschienen sei, der um ihn zu sehen
nach Athen gekommen, ihn nicht mehr am Leben
fand, und sich dann in der Nähe seines Grabes nie-
dergesezt hatte und eingeschlafen war [396]. Ja selbst
lange nach ihrem Heimgange sind beide Männer auch
von ihren Schülern in ganz ähnlicher Weise verschieden aufgefasst worden. Beide haben bekanntlich selbst
nichts geschrieben (sie wollten ihre Lehre nicht auf
die Haut der Thiere, sondern in die Herzen der Menschen eingraben) [397], sondern erst ihren Jüngern verdanken wir was uns von ihnen bekannt ist [398]: und auch
hier entspricht die doppelte Auffassung des Sokrates,
die realistische durch Xenophon und die idealistische
durch Platon, ganz und gar der zwiefachen Auffassung Christi in den somatischen Evangelien der Syn-
optiker und in dem pneumatischen Evangelium des
Johannes [399].

---

[396] Suidas v. Σωκράτης p. 845, 17 ff. Vergl. Libanius III p. 63, 1 ff.
und die Epistolae Socraticae 17.

[397] Wie Otto Frisingensis II, 19 von Sokrates berichtet: malo in
cordibus hominum quam in pellibus mortuorum animalium scribere.

[398] Galenus tom. XV p. 68. Plutarchus Mor. p. 328, A. Augustinus
De consensu evangelistarum I, 12.

[399] Eusebius Hist. eccles. VI, 14.

Ein charakteristischer Unterschied beider, der uns in einem denkwürdigen Selbstbekenntnis entgegentritt, ist folgender: Sokrates sagte, nichts gewähre dem Menschen eine so grosse Freude als das Bewusstsein, selbst besser zu werden und auch seine Freunde besser zu machen: dieses Bewusstsein verlasse ihn keinen Augenblick, „und ich weiss dass mir die Nachwelt einst das Zeugnis geben wird, dass ich keinem Menschen Unrecht gethan, keinen schlechter gemacht, wol aber stets mich bemüht habe, meine Freunde besser zu machen" [400]. Christus dagegen durfte an seine Widersacher kühn die Frage richten: „wer unter euch kann mich einer Sünde zeihen" [401]? Den Sokrates hat das Delphische Orakel für den Weisesten seines Volkes erklärt [402]: von Christus aber wird gesagt: in ihm seien verborgen alle Schätze der Weisheit und der Erkenntnis; denn in ihm wohne leibhaftig die ganze Fülle der Gottheit [403]. Alle und jede Religion, auch die christliche nicht ausgenommen, ver-

---

[400] Xenophon Mem. I, 6, 9. IV, 8, 10. Apol §. 26, oben Anm. 216. 289.

[401] Johannes 8, 46. Vergl. Th. Heinsius, Sokrates p. 63: einer *vollkommenen* Tugend hat er selbst sich nie gerühmt; nur Einer konnte in seiner Heiligkeit ausrufen: wer kann mich einer Sünde zeihen! Aber in der heidnischen Welt steht keiner so hoch wie *er,* an Einsicht und an Seelengrösse; keiner kommt ihm gleich an Selbstbeherschung, freiwilliger Entsagung und Demuth, keiner an Ergebung und Ruhe in der Sterbestunde.

[402] S. oben Anm. 67.

[403] Paulus Ad Coloss. 2, 3: ἐν ᾧ εἰσι πάντες οἱ θησαυροὶ τῆς σοφίας καὶ τῆς γνώσεως ἀπόκρυφοι und Vers 9: ὅτι ἐν αὐτῷ κατοικεῖ πᾶν τὸ πλήρωμα τῆς θεότητος σωματικῶς.

mag ihren Bekennern nichts höheres zu geben als
einen den Tod überwindenden Glauben: dem Sokrates
ist Tod und Leben gleich, leben ist ihm sterben, und
sterben ist ihm leben[404]; Christus aber ist selbst der
Überwinder des Todes, er ist die Auferstehung und
das Leben[405].

Der älteste unter den uns erhaltenen Apologeten
des Christenthums, Justinus Martyr, vor seiner Be-
kehrung Platoniker, behauptet mit Recht: „dass der
Same des göttlichen Logos allen Menschen, der ganzen Menschheit eingeboren sei, und dass wer diesem
Logos gemäss lebe, ein Christ sei, auch wenn seine
Zeitgenossen ihn für einen Atheisten hielten; wie unter
den Hellenen Herakleitos und Sokrates gewesen, und
alle die ihnen ähnlich seien: denn auch Sokrates habe
Christum theilweise vorauserkannt“[406]. Ist ja doch
überhaupt die Logoslehre des Johannes (der an demselben Orte lebte und lehrte wo sechs Jahrhunderte
vor ihm Herakleitos gelebt und philosophirt hat) ohne
die Lehre des Herakleitos und des platonischen Sokrates von dem das Weltall durchdringenden göttlichen Logos[407], gar nicht verständlich. Auch hat

---

[404] Platons Phaedon p. 14 ff. 24. 30 f. Gorgias p. 99. 100.

[405] Johannes 11, 25.

[406] Justinus Martyr Apol. I, 46 p. 73, B: τὸν Χριστὸν πρωτότοκον
τοῦ θεοῦ εἶναι ἐδιδάχθημεν καὶ προεμηνύσαμεν λόγον ὄντα, οὗ
πᾶν γένος ἀνθρώπων μετέσχε· καὶ οἱ μετὰ λόγου βιώσαντες
Χριστιανοί εἰσι, κἂν ἄθεοι ἐνομίσθησαν, οἷον ἐν Ἕλλησι μὲν
Σωκράτης καὶ Ἡράκλειτος καὶ οἱ ὅμοιοι αὐτοῖς. II, 10 p. 99, C:
Χριστῷ δὲ τῷ καὶ ὑπὸ Σωκράτους ἀπὸ μέρους γνωσθέντι (λόγος γὰρ ἦν καὶ ἐστιν ὁ ἐν παντὶ ὤν κτλ.).

[407] S. meine Abhandlung über die theologische Grundlage aller philosophischen Systeme p. 2. 3.

Sokrates selbst ausdrücklich und wiederholt bekannt:
wenn bei dem jezigen Weltzustande etwas solle ge-
bessert werden, so könne dies nur durch Vermittelung
eines himmlischen, göttlichen Wesens geschehen[408];
er selbst bezeichnet dann anderswo dieses höhere Wesen als einen göttlichen Logos, λόγος τις θεῖος, auf
dem als einem festen Schiffe man sicher und gefahrlos
durch die Fluthen des Lebens sich wagen könne[409].
Und als Ideal eines wahrhaft Gerechten stellt er dann
einen solchen auf, „der ohne selbst irgend ein Unrecht zu thun, den grössten Schein der Ungerechtigkeit habe, damit er ganz in der Gerechtigkeit sich
bewähre, und der dann gefesselt, gegeisselt, gefoltert,
mit glühenden Eisen geblendet an beiden Augen, und
nachdem er alle Leiden erduldet, zulezt noch gekreu-
zigt werde“[410].

Wer nunmehr den Sokrates unter den Propheten
nicht leiden will, den muss man mit Hamann[411] fragen: wer der Propheten Vater sei? und ob sich unser
Gott nicht einen Gott der Heiden genannt und erwiesen hat?[412] „der in vergangenen Zeiten alle Heiden ihre eigenen Wege hat wandeln lassen, die Zeiten der Unwissenheit übersehend, wiewol er sich unter
ihnen nicht unbezeugt gelassen hat“[413].

---

[408] Platons Apol. p. 117. 118 und De rep. IV p. 179. 309.

[409] Platons Phaedon p. 61, 10 ff.

[410] Platon De Rep. II p. 65. 66. Der wahre *Heilige und Gerechte*
der hier wie in einer Vision beschrieben wird, ist Christus: Matthaeus 27, 19. Act. 3, 14. 7, 52. 22, 14. Johannes Epist. I, 2, 1.
Jakobus 5, 6.

[411] Hamann II, 42. — [412] Paulus ad Rom. 3, 29.

[413] Paulus in der Apostelgeschichte 14, 16 f. 17, 30.

Ich nehme darum keinen Anstand offen und zuversichtlich zu behaupten, dass keine unter allen alttestamentlichen Persönlichkeiten ein so vollständiges Vorbild Christi ist als der Grieche Sokrates; und dass ebenso unzweifelhaft das Beste der christlichen Lebenslehre dem Hellenismus ungleich näher steht als dem Judaismus.

Druck von Dr. C. Wolf & Sohn.

Lightning Source UK Ltd.
Milton Keynes UK
UKHW011940021218
333216UK00013B/2151/P